少年维特可以没烦恼

TEEN ESTEEM
A Self-Direction Manual
for Young Adults

献给
年轻人的自我指导手册

〔美〕帕特·帕尔默 博士
梅利莎·艾伯蒂·弗罗纳尔 /著

田恬 /译

2015年·北京

TEEN ESTEEM: A Self-Direction Manual for Young Adults (3rd Edition)
by Dr. Pat Palmer, Ed. D. and Melissa Alberti Froehner
Copyright © 2010 by Pat Palmer and Melissa Alberti Froehner
Published by arrangement with Impact Publishers, Inc.
Simplified Chinese translation copyright © 2015
by The Commercial Press, Ltd.
ALL RIGHTS RESERVED

图书在版编目(CIP)数据

少年维特可以没烦恼/(美)帕尔默,(美)弗罗纳尔著;田恬译.—北京:商务印书馆,2015
ISBN 978-7-100-09994-3

Ⅰ.①少… Ⅱ.①帕… ②弗… ③田… Ⅲ.①青春期—心理健康 Ⅳ.①G479

中国版本图书馆 CIP 数据核字(2013)第 117635 号

所有权利保留。
未经许可,不得以任何方式使用。

少年维特可以没烦恼

〔美〕帕特·帕尔默 梅利莎·艾伯蒂·弗罗纳尔 著
田恬 译

商 务 印 书 馆 出 版
(北京王府井大街36号 邮政编码100710)
商 务 印 书 馆 发 行
北京市艺辉印刷有限公司印刷
ISBN 978-7-100-09994-3

2015年10月第1版　　开本 880×1230 1/32
2015年10月北京第1次印刷　印张 4 ⅝
定价:19.00元

目 录

献辞 iii
致谢 v
介绍 1
第一章　你希望从生活中得到什么？（你的目标）........... 5
第二章　你有权做回你自己（你的权利）.................... 11
第三章　自尊（喜欢你自己）................................ 17
第四章　假若我与众不同，该怎么办呢？
　　　　（我们戴着的面具）................................ 31
第五章　"你快乐吗？"（感觉不错）........................ 53
第六章　听好了！（自信）.................................. 63
第七章　当你发怒的时候（处理怒气）...................... 77
第八章　做出请求（提要求）................................ 87
第九章　"学会说'不'"（拒绝的技巧）.................... 93
第十章　"行了，宝贝……你知道你想这么做！"
　　　　（避免被别人控制）................................ 107
第十一章　不去做决定，这本身就是一种决定
　　　　　（选择和做决定）................................ 121
第十二章　负责（自由和责任）............................. 133

献　辞

本书献给：
　　　你内心中那个高尚睿智的自己
　　　你内在和身边的美
　　　你收到的以及从外界感受到的爱和快乐
　　　你对生命的庆祝

致　谢

我感谢那些与我们分享自己烦恼的青少年朋友们。在此，我要特别感谢劳伦（Lauren）、尼克（Nik）还有凯尔西（Kelsea），感谢他们为我们提供的意见、建议和支持。我还要感谢迈克（Mike）、黛比（Debby）和鲍勃（Bob），感谢他们给予我们的爱和鼓励。

多年以来，随着本书的不断再版，我们不断地从圣路易斯奥比斯波高中（San Luis Obispo Senior High School）、蒙特雷路学校（Monterey Road School）、阿塔斯卡德罗初中（Atascadero Junior High）和阿塔斯卡德罗高中（Atascadero High School）的学生和教职员工那里获得宝贵信息。他们一直给予我们极大的帮助，并始终坦率地对待我们。

莎伦（Sharon）和辛迪（Cindi）将他们的创造力注入了本书的前几个版本。我们很高兴在这一版本的出版过程中，盖尔（Gayle）、凯蒂（Katy）和梅利莎·W.（Melissa W.）也注入了同样的力量。对此，我深表感谢。

最后，我要感谢 Impact 出版社的琼（Jean）和夏恩（Cheyenne）。感谢他们在本版的出版过程中表现出的耐心以及付出的努力！

介　绍

曾几何时，你问老师一个词怎么拼写，而她却告诉你："你自己去字典里查吧。"你当时有没有想过："我都不知道这个词怎么拼写，我怎么去字典里查找？！"

当你还是青少年的时候，你的人生大致是这样的："在缺少工作经验的情况下，你找不到工作。""那么，"你想，"没有工作，我又怎么才能获得工作经验呢？"这并不是什么容易办到的事情。你总是需要做出选择。在你前进的道路上，总有拦路虎会出现……

《少年维特可以没烦恼》的前两个版本就是以这两段话开始的。当然，从我们一开始写下这些内容以后，生活并没有因此而变得容易！我有一个朋友叫尼克，他今年18岁。最近，他跟我说："情况甚至变得更糟糕了。现在的情况更像是，我甚至都不知道我应该去查找哪个词。我也不知道去哪儿能找到一本字典！"

当然，只有在你知道自己是谁以及自己所处的位置是什么以后，你才能很轻松地搞清楚你的前进方向。一旦你对自己有所了解，你就会信心大增，进而做出决定并战胜艰难险阻。但是，如果你没有机会为自己做出决定并自己克服困难的话，你又怎么能逐渐认识自己呢？（这就好比，如果你不知道这个单词怎么拼写，你又怎么才能在字典里查到它呢？至少，你得先知道这个单词是什么吧！）

青春期比任何时候都要难度过。（当然，青春期一直就是一段艰难的时期。）这时，你正处于自己的第一个"中间年龄段"——这时的你，正处在儿童期和成年期中间的位置。包括你自己在内，没有任何人能够准确说出究竟什么时候该把你当作一个"孩子"（你是不是很讨厌这个词？）来对待，究竟什么时候该把你当成一个"成年人"来对待。

当你在测探父母允许你进行的活动范围时，他们总是跟你说"不行"。他们之所以这么做，是因为他们很关心你。他们想在自己能力范围内尽可能地保护你。他们也清楚你在快速成长，而他们必须要对你放手了。然而，在你这12或者15年的生命中，他们一直扮演着最重要的角色。你在这时让他们对你放手，无疑是很难的。你可能会觉得自己这时跟父母是不同的，而且你可能有自己的目标，或者为自己找到一条合适的发展道路：你想做你自己。

你的朋友或者同学在大部分情况下，都会说"行"："再晚

介 绍

点儿回家吧","抽烟吧","喝酒吧","吸毒吧","尝试一下性吧","做吧"。结交朋友以及"融入"你所在的小团体，是很重要的事情——跟别人保持一致，是很自然的想法。但是，你需要做你自己。

电视、音乐、电影、网络以及其他媒体都在向你宣传这样的信息："说做就做"，"如果事情没有被搞砸，那你就可以摆脱干系"。

你也想听从媒体给出的建议，但是你还是需要做你自己。

每个人对你应该如何过好自己的生活，似乎都有他们的一套安排。那么，你怎么才能做你自己呢？

本书可以为你提供一些自我引导的小贴士。你可以运用这些方法，将你身边那些试图误导你的力量清理掉。

我们会讨论：你是谁；你想成为一个什么样的人（以及你希望自己成为什么样的人）；你该如何实现这个愿望。我们还会讨论你的目标、你的权利、拒绝别人的方法、自尊、自我照顾、维护自己的利益（以及维护你认为是重要的事情）、向他人索取自己想要的东西以及很多其他内容。

我们没有所有问题的答案。但是，我们愿意帮助你掌握一些技巧以及你需要采取的态度。这样，你才能成为自己想成为的人。

我们写这本书的目的，就是帮助你树立起自信心，向生活索取你想得到的东西。这可不是自私——这是我们每个人为了得到幸福需要做的——*自尊*。或者从你们的角度讲，就是——少年维特可以没烦恼。

如果你是在别人的推荐下阅读本书的，比如你的父母或者老师，那你可能不会对本书产生太大的兴趣。但是，稍等。请给我们一个机会，因为我们会让你大吃一惊。

这本书不会告诉你应该去得到什么，或者你应该做什么才能得到幸福。我们会讨论，你可以做什么事情让自己快乐地做回自己，以及你的前进方向会是什么。我们认为，喜欢自己、维护自己的利益以及对自己的人生负责任，是一件很不错的事情。

你会决定努力工作，设定一个目标，然后真的努力去实现它。或者，你会对凡事看得开一些，觉得勉强过活就够了。任何事都有可能发生——你有很多选择。

购物中心里的地图上都会有个标识，上面写着：你在这里。它的存在是有原因的。一旦你知道了自己现在所处的位置，你就能很容易地知道自己将要去的地方，以及如何才能到达那里。本书会帮助你了解到自己现在所处的位置，并协助你掌握一定的技巧。这样，你便可以到达你真正想去的地方了。

第一章　你希望从生活中得到什么？

（你的目标）

你从小就给自己设立各种目标。

你在一岁左右的时候，可能已经学会爬行了。于是，你决定争取爬到沙发上、椅子上、茶几上、餐桌上、洗菜池子里、冰箱上。后来，你看到有人翻了个筋斗，于是你便决定了：我也可以翻。你在三岁、五岁或者七岁的时候，开始学习认字，因为你觉得这是一件值得去做的事情。在同一时期，你开始学骑自行车。在摔过很多次以后，你凭借自己不达目的誓不罢休的劲头，终于掌握了平衡要领，学会了骑自行车。

最近，你可能已经决定了参加社团的活动。这可能是篮球队、鼓号队、田径队、畜牧小组、辩论小组、体操队、橄榄球队、足球队、学校毕业纪念册的编辑团队等。也许你的目标更私人化一些。比如，赢得艺术比赛的大奖，跟你的意中人约会，在报刊上发表自己写的故事，考试取得第一名，把一个电脑游戏玩通关，学会使用一个电脑程序，学会弹奏键盘乐器等。

  不管你想做什么，也不管你的做事风格是什么，你一直在为自己设定各种各样的目标。当然，你会实现一些目标。你可能网球打得不是很好，但是你成功地成为了团队中的一分子。你的成绩也许无法使你赢得网上在线锦标赛，但是你从参赛的过程中享受到了无穷的乐趣。你通过为自己设立各种目标，学到了很多东西。

  当然，随着年龄的增长，你的目标变得越来越重要。现在，你已经开始决定究竟哪些习惯会伴随你的一生（音乐、阅读、学习、吸烟、饮酒、锻炼等），你的人生究竟会朝哪个方向发展（读大学、服兵役、工作、婚姻等），以及你的价值观会是什么（政治的、宗教的、社会的、道德的等）。

你代表了什么？

  如果你想掌握自己的人生，你就要知道什么事情对你来说是非常重要的。如果你不清楚自己代表了什么，你又怎么才能为自己做出决定呢？

  你信仰什么？你对下列这些事物，有什么感觉，持有什么看法呢：

金钱	战争与和平
宗教	枪支控制

第一章　你希望从生活中得到什么？（你的目标）

政治　　　　　　　　　　用药问题
死刑　　　　　　　　　　教育
绿色运动，全球变暖问题　　性

你需要什么？

我们都有很多需求：吃饭、睡觉、居住、金钱。我们还需要被爱、被别人拥抱、拥有朋友、得到他人的认可、被别人接受。

如果你知道了自己需要什么，并愿意照顾到自己的这些需求，你就不需要依赖别人来满足你的这些需求。你可以通过依靠自己的力量，照顾好自己，让自己变得独立又自力。

照顾、爱护你自己就意味着，你可以自由地选择照顾别人——你没有不顾一切地寻找爱，或者乞求别人的认可；你不愿意做任何事情去得到它；你也不会放弃自己的价值观，就为了留着它。有些人会放弃自己的价值观，以求得别人的认可，这类人就像奴隶一样。很不幸的是，这么做使他们丧失了别人的关注和认可。因为，他们已经放弃了自己的某些特质。然而，恰恰是这些特质才使得他们成为可爱的人。如果你知道如何爱自己，你就不会像个奴隶一样乞求别人的认可。

如果你愿意好好地对待自己——保持健康、有吸引力、快乐，那么其他人也会愿意跟你做朋友。如果你在别人面前总是显得那么无助、粘人或者病怏怏的，大家最终会厌倦你的这种不安全感。他们会转而找那些能够支持他们的人——他们很有可能会利用你达到这个目的。依赖性和不安全感可能会使你吸引到一些人，但是它们不会帮你建立起健康的人际关系。

学着了解你自己

重要的事

将你生命中最重要的五个事物写下来。按照它们的重要程度，从一到五给它们标上序号。跟朋友或者同学分享一下你对所列事物的看法。

预见

随着年龄的增长，你所列的这五件事可能会发生变化。假设一下在未来10年内、30年内，这五件事会变成什么。

回顾

假设你现在95岁。你安详地坐在门廊边，眺望远方的美丽景色——高山、起伏的群山、草地还有湖泊。现在，让你的思绪带你回顾一下自己一路走过来的日子。你做过什么重要的事情？你是不是实现了自己给自己设定的目标？你有孩子和孙子孙女吗？你的朋友都是谁？你开心的事情是什么？你有没有冒过什么险？你爱过谁？你这一辈子过得好不好？你觉得自己快乐吗？你有没有向这个世界贡献过什么？你可以将自己"回顾"过程中发现的一些事情记下来。现在，你该如何规划你的人生呢？这样，等你到了95岁，你才能感到心满意足。

第一章　你希望从生活中得到什么？（你的目标）

你的目标：如果你知道自己的前进方向是什么，你才更有可能抵达目的地。

你需要一个计划。无论它是你的人生规划，还是在不久的将来的某一个行动计划，它都会帮助你感知到自己人生的方向在哪里。

随波逐流很容易。你可以做别人做的事情，或者做别人希望你去做的事情。但是，你自己有什么计划吗？将它们记下来。一个"1年计划"、一个"5年计划"、一个"10年计划"，甚至是20年、30年、40年的计划，都可以。你想去哪里？你想做什么？如果你觉得这些比较难以想象，那么你可以先试试空想。幻想和空想可以帮助你尽可能地尝试各种各样的计划。你可以尽情地为自己设想各种类型的生活方式，看看哪个让你感觉很棒，哪个看上去有意思，哪个符合你的性格、目标、信仰、情绪等。

目标！

- 认清你是谁——你信仰什么，你代表着什么。它可以帮助你搞明白自己的前进方向，以及你想成为什么样的人。
- 为当天、本周、本月、本年度列出你的目标，并根据需要做出调整。为自己取得的成就庆祝一番。
- 意识到你的最基本需求，并有意识地去满足它们。列个单子，在上面写上你为了让自己开心都需要什么。努力满足自己的这些需求。

第二章　你有权做回你自己

（你的权利）

"这是个自由的国家。"

当然，我们在美国总是这么说，但这并不意味着我们可以想怎样生活，就怎样生活。我们每天都得遵守各种各样的限制——通常我们都不会太仔细地思考这些限制。我们大多数人都会：

- 在马路右边开车。遇到红灯就停车。
- 在商店里购物的时候，店员说关门时间到了，我们就自动离开。
- 在快餐店买吃的、在电影院和音乐厅买票的时候，会自动去队尾排队等候。
- 还有更多……

你可以选择不遵守这些限制，但你可能就会：

- 被吊销驾照。
- 因擅自进入而被捕。

- 被餐馆、电影院、音乐厅的工作人员轰出去。
- 被团队踢出去。

开车是机动车辆管理局给你的许可。参加足球队（辩论队、游泳队、机器人组装队、冰球队），是家长和学校对你的许可。你可以通过承担更多的责任，赢得更多的许可。但是，尽管你已经十多岁了，最后还是你的父母或者监护人说了算。

你有时候可能会想，自己到底有没有什么权利！

虽然你生活在一个民主国家，但这并不意味着你可以随心所欲。小时候，大人们总是告诉你该做什么。但是，随着年龄的增长，你有机会掌握自己的人生了。也许，你在进行一些活动的时候会受到各种限制。比如，你自己可以支配的钱财有多少，你的宵禁是几点钟，你最多能煲多久的电话粥，你可以去哪里玩以及跟谁去。很快，你就开始为自己的人生做各种决定了——这不仅包括日常生活中的小决定，还包括你自己选择去相信的东西——你的价值观念、权利、需求和目标。

当然，你很有可能已经迫不及待了。但是，你真的确定自己已经做好准备了吗？

了解自己的权利，可以帮助你做决定并维护自己的利益——这么做，可以使你免受别人对你的打压和操控。因为，说服你去做一件你不愿意或者不需要做的事情，是很难的。下面的表格列出了十种常见的权利。你可以把自己想要的其他权利填进去。当然，你也可以忽略掉那些不适合你的内容。

第二章 你有权做回你自己(你的权利)

我要求享有如下权利:

1. 受到尊重。
2. 有自己的感受,并将它们表达出来。
3. 对事物有自己的看法,并将它们表达出来。
4. 在我说话的时候,别人能够认真倾听我讲话,并认真对待我。
5. 决定什么事情对我来说是重要的。
6. 索求我想要的东西(别人有权拒绝我的要求)。
7. 犯错误,并从中吸取教训。
8. 控制好我自己的身体。
9. 拥有隐私和私人空间。
10. 为自己的决定、行为、想法和感想负责任。

第十项很重要。它意味着,你通过自己做出的选择和勇于承担后果的意愿,控制住你的人生。别人想让你做的事情,以及别人希望你能够有的想法,变得没那么重要了。

这里,我要给你出一个练习题。它可以帮助你真切地体会到这些"权利"对你的意义:

选一个你觉得很重要的权利。安静地坐下来。假设它进入到你的身体和脑海中。将这个句子吸入你的身体,直到你觉得它已经深入到你身体中的每一个细胞。接受它成为你的一部分。现在,你可以在平日里依照这个权利来生活,因为你已经将它变成你身体的一部分了。用这种方法对待每一个你觉得重要的权利。如果你觉得想象这条权利进入到你的身体和脑海中很困难，那么你就大声对自己说出来，或者每天将他们抄写几遍。当你发现自己在想"对！就是这么回事儿！耶！"的时候，你就知道，它已经成为你的一部分了。

假设，你要求享有的权利是：别人在你说话的时候，能够认真听，并认真对待你。

这对你来说意味着什么？谁会倾听你讲话？（朋友？父母？同学？大街上的陌生人？商场里热情过度的销售员？）你的生活如何有所不同？（人们会听你说话吗？他们会按照你说的去做吗？）你会说些什么，而这些话恰恰是你以前从来没说过的？（在课堂上发言？让那些粗鲁、爱指使人的人离你远点儿？就音乐发表你的看法？）之后你感觉怎样？（更好了？焦虑？愚蠢？还是强大了？）你怎么才能使之成为你日常生活中的一部分呢？（在家练习一下？告诉你所有的朋友？每天在课堂上都要发言？）

你在给予自己一个权利以后发现：

- **你变了**。人们可能不太清楚什么原因，但是他们对待你的态度会发生变化，他们比以前更尊重你了。你的肢体语言将透露你得到的新权利——你不再是个耳根子很软的人了。
- 人们会发现，要想操控你可没那么容易了。比如，你要求享有的权利可能是犯错误。如果有人向你指出

第二章 你有权做回你自己（你的权利）

一个错误，你可以笑着说，"是啊，我确实办得不是太好"，或者"人孰无过呢，你知道的"。或者，你就说："你是对的。"与其为自己所犯的错误感到内疚，找借口，为自己辩解或者否认错误，你还不如记住一点——把事情搞砸，这没什么大不了。你还是个好人。

- **你将拥有自由选择的权利。**你可以当一名护士，而不是当工程师，或者相反也可以。你可以选择周游世界，而不是结婚。你也可以选择每天尝试不同的新鲜事物，而不是日复一日地重复做同样的工作。只有你自己才最清楚自己最需要什么。你的妈妈可能想让你当医生，你的爸爸可能希望你进军商界。（他们之所以希望你照办，是因为他们自己当初没有机会实现这些愿望，或者因为这是你家的传统。）只有你自己可以决定自己想做什么。你要忠于你自己。

你通过学会如何照顾自己，慢慢地长大了。为自己做决定——即使是错误决定——都能帮助你学习和成长。你的父母和朋友只能为你提供成长、学习以及通过享有权利变得更有能力的机会。

许多学校都明文规定了学生可以享有的权利和义务。由于民主对全民来说是建立在最基本的人权基础上的，那么你就有必要了解自己可以享有的权利都有哪些。同时，不要让他人、企业或者政府机构从你这里夺走这些权利。自由就是在这些权利的基础上获得的。国家的《宪法》(the Constitution)向我们保证了这些权利。

你可以要求享有自己想要的权利，其他人会因此尊重你。当你清楚自己的权利是什么的时候，你可以维护它们，受它们的指导。做决定也会因此变得更容易。了解自己的权利，可以帮助你为自己设立并实现目标。

没错！

了解自己的权利，可以帮助你掌握自己的人生，并为自己做出最好的选择。

- 你可以进行刚才那个赋予自己权利的练习。你会有怎样的举动？你生活会发生什么样的变化？
- 进行尊重他人权利的练习。你怎么做？
- 当你听到别人抱怨的时候，问问他们打算怎么应对糟糕的情况，而不是"帮助"他们，或者听他们抱怨。(尽管倾听在某些特定时间和环境下，是有必要的。我们会在第六章中详细谈到这点。)
- 重新阅读《权利法案》(the Bill of Rights)——也就是对《美国宪法》(the U.S. Constitution)前10条的修正案。这里讲述的内容与你自己的"人权宣言"相比，有何不同？(如果你手头没有这个文献，需要别人帮助你找来阅读的话，你可以问问老师或者学校的图书管理员。)

第三章　自尊

（喜欢你自己）

你觉得自己怎么样？

如果你喜欢自己，你会希望自己身上发生好的事情。喜欢你自己，并不是说你要觉得自己是完美无缺的，或者说你连自己身上的缺点都喜爱。你可以接受自己的缺点，同时希望自己能够为此做出改变。要想做到喜欢自己，你首先需要做到接受自己。

因此，我们现在要开始努力说服你：你很棒，你应该得到美好的生活。你需要学会用积极的方式看待并谈论你自己。当你觉得自己是个很特别的人，而且有天赋和才能时，人们才会善待你。你可以有自己的梦想，获得各种各样的奖项，去冒险，尝试新鲜事物，有美妙的感觉等。

不要笑！这是真的。你的确有天赋和才能，即使你还没有发现它们！每个人都是有天分和才能的。很多人都关注他们没有的东西而忽略了他们已经拥有的美好。听听你自己对下列问题的回答吧。你是不是过于妄自菲薄了？你是不是总觉得自己很傻、很胖、很笨拙或者很丑？如果是这样，那你应该改变自己内心的想法了。不要再对自己无礼了。你对自己的妄自菲薄，就是你最大的敌人。

> 你在朋友身上最看重的品质是什么？是不是下列这些：
> - 好的倾诉对象
> - 看到你沮丧时能够逗你开心的人
> - 让你开怀大笑的人
> - 对你表示关心的人
>
> 你可以对自己做到以上这几点。这么做的好处就是，你学会这样善待自己以后，这也会帮助你成为更好的朋友！

尊重你自己。相信自己是个好人，并维护好自己的权益。对自己好一些。你会成为自己最好的朋友。

个人形象

"我得减掉 10 斤肉。"

"我得再练点儿肌肉——我看上去就像个软骨头！"

"真希望我的鼻子没有这么大！"

"如果我再长青春痘，我就不去上学了！"

第三章 自尊（喜欢你自己）

珍妮弗的故事

事情其实很容易。这真的是我很擅长的事情——虽然我所有的朋友都觉得这很难做到。一开始，他们说："噢！我的天！你都这么瘦了！我讨厌你！你现在穿几号的衣服了？0号吗？"我喜欢听他们这么说我。我一直都比我的朋友们胖很多。但是我不想停止减肥。我是说，如果我停止减肥以后反弹了，怎么办？于是，我开始害怕吃东西。我老觉得，如果自己吃东西了，就会变得很胖。我可能一天就吃三粒葡萄，外加一个苹果。然后，我会去跑跑步。回家以后，我再做做仰卧起坐什么的。我每天照镜子的时候，还是觉得自己太胖。

我妈每天都在唠叨我。她跟我说："你太瘦了，你需要吃东西。"我会告诉她自己去朋友家吃饭之类的。但是，无论她说我什么对我来说都不重要，因为她自己也很胖。她总是跟我念叨模特们有多瘦。我一直就想像她们一样！后来，我终于在学校里晕倒了。同学们把我送到这家医院。我在这里待了好几个星期了。他们不放我出去。他们不让我运动，然后不停地给我输液。我现在都90磅了，但是他们还是觉得就我的身高而言，我的体重远远没有达标。我想离开这里，但是我无法让自己吃东西。我就是不想再变成个大胖子了！

人们无时无刻不在谈论他们的身体。而且，在通常情况下，他们嘴里的话都不太好听！没有几个人对自己的身体十分地满意。毕竟，我们每天都会看到很多漂亮的模特和演员——他们出现在电视、杂志、电影还有网上。他们很漂亮——近乎完美。他们当然漂亮——有人花钱帮他们整形并洗牙齿，他们有专业造型师帮忙设计发型和妆容，他们的衣服是量身定做的，他们甚至会有专业教练帮着保持身材，专业的营养专家会帮他们规划饮食，或者有医生给他们整容，在此之后还会有人对他们的照片进行后期处理，将所有的"瑕疵"都抹掉。我们普通人怎么能跟他们比呢？

你当然不必非得跟他们比。你可以选择健康，你可以选择照顾好自己，你还可以选择学着欣赏自己。你越觉得自己很棒，你在别人眼里就越有吸引力。但是，让你忽视那些媒体宣传的形象，学会欣赏自己的独特之处，不是一件容易的事。你的身体无时无刻不在变化。你今天穿的衣服，可能到了明天就不合体了。你的发型可能非常难打理。你的声音可能会变得沙哑。你的皮肤也可能会变粗糙。你通常不会为自己的外貌感到激动。但是你需要记住的是，自己拥有独特的特质，而且这些特质通常从外表上看不出来！（你可以通过本章后面的内容，以及第五章讲述的内容，学习如何使自己感觉好起来。）

"如果你有规律地锻炼身体，远离毒品和酒精，保持充足的睡眠，吃健康的食物，你会对自己的身材更加满意。"你以前听别人说过这句话——这是真话。无论你穿多大尺码的牛仔裤，你有多少肌肉，这都是真的。

第三章 自尊（喜欢你自己）

当你将自己的心情和情绪与食物联系到一起时，你会得神经性厌食、神经性贪食还有强迫性暴食这类的饮食性疾病。这些都是很严重的疾病，会严重威胁到你的生命。如果你发现自己受到食物的"困扰"——总是暴食或者厌食，那你需要找个成年人谈谈，来帮助你摆脱这种不健康的生活方式。或者，如果你发现自己的朋友遇到了这种问题，你可以鼓励他/她向他人寻求帮助。想独自面对饮食性疾病，这几乎是不可能的。

你的态度

你看待自己的方式会显现在你的身体上。如果你想法消极，你的脸上就会有愁容。你的肩膀和嘴角会下垂。你看上去会很不开心。生活对于你来说会很无聊、令人郁闷、单调。好事情和令人激动的事情都与你绝缘。你总会看到半杯水中那半空的部分，而不是有水的那部分。

将消极转化为积极

你的想法会左右你对待自己的态度。如果你的想法很消极，你活得就不开心。如果你有积极的想法，你会很开心地生活。事情就是这么简单。消极的想法会带来一系列不良的习惯，比如咬指甲，或者吹口香糖。

改掉不良的习惯一点儿都不难。最难的是决定改掉不良习惯。下一步就是将注意力集中到你的想法上去，然后就是采取行动。你可以这么做：当你发现自己产生消极想法的时候，你赶紧对自己说"停"。你可以在心中大声地说："停！"然后，用一个积极的想法来代替那个消极的。比如：

消极想法

我的鼻子又大又丑。

我人傻，所以成绩不好。

停！

积极想法

我有迷人的笑容。

我富有创造力——我是一名很棒的艺术家。

你还可以通过其他的手段，摆脱消极的想法。比如，假设你坐在一条船里，沿着河向下漂流。你把消极的想法扔下船，然后看着它沉底。或者，你看着自己在篝火前面放松下来，然后用木棍把消极的想法戳到火堆里，再看着它烧成灰。或者，你直接将消极的想法顺着马桶冲下去。

当然，我们会遇到各种艰难的时刻——每个人都会遇到这种时刻。没有人能够一帆风顺。关键是，你要学会尽可能地将注意力集中到积极的想法上去。

第三章　自尊（喜欢你自己）

内在敌人

我们每天都随身携带着自己的"敌人"——那些会令我们失去自尊的态度和习惯。你会在下面的列表里发现自己的一些"敌人"。一旦你将它们识别出来，你便可以从它们那里要回被"偷走"的自尊！

1. **做到十全十美**。你是不是看着镜子中的自己，然后说："我太丑了！"你是不是觉得粉刺是一种绝症？你是不是讨厌自己的声音、脸蛋、身体、头发、膝盖、双脚？你是不是觉得自己浑身上下就没有一个地方令你满意？如果你有这种想法，那你绝对患了严重的"完美主义综合征"了。

   如果你想摆脱"完美主义"对你的束缚，你需要意识到你是一个**人**。有时候，你身上有味道，有口臭，或者浑身是汗。有缺陷是很自然很正常的事情，这并不致命。你要学会爱上自己身上这些不完美的地方。正是这些东西造就了你的与众不同。他们使你成为真正的你。

2. **自我批评（你心里的批评家）**。当你评判自己的时候，你变得没有那么有魅力了。你脑海中的那个声音会对你说："如果我试着解答黑板上的那个题，我一定会做错。""如果我告诉老师，我不明白那个问题，大家都会觉得我是个傻瓜。"（没准教室里有人也想问同样的问题。如果你问了这个问题，他会为此很感激你！）

3. **制造灾难。**"如果我约蒂姆出去，他会拒绝我，那我就死定了。"诸如此类想法阻碍了我们去做自己最想做的事情。它们把我们变成了僵尸——由于害怕而瘫痪的僵尸。"如果我在课堂上发言，我说话的声音就变了。我会感到自己像个傻瓜一样。"别担心！大多数人都在忙着完善自己，他们可没那个闲心去关注你身上不完美的地方。他们甚至不会注意到你的声音变了。

4. **希望值。**希望值与"完美主义"时刻在一起。假设你想买一条合身的牛仔裤。买什么样子的裤子，你心里大概有个数。但是，你就是找不到最符合你心意的那条裤子。你觉得自己这一天都毁掉了。你甚至觉得自己的人生离毁灭也不远了。没有这条牛仔裤，你觉得自己永远不会变得美丽起来。

希望值可以毁掉一段人际关系：萨拉和马特彼此深爱。萨拉觉得："如果马特真爱我的话，他就应该知道怎么让我高兴。"（并不是每个人在谈恋爱的时候，手里都有个水晶球！）萨拉只有在明白马特不是她肚子里的蛔虫以后，才能开开心心地与他在一起——她需要学会如何从别人那里索取她想要的东西。

看一看下面的这个列表，上面列出了人们希望的各种事情。你隔多久就会有下列这些想法呢？

第三章 自尊（喜欢你自己）

- 希望派对会像你想象的那样顺利进行。
- 希望别人知道你想吃什么口味的汉堡。
- 希望你的朋友在你不说明的情况下，也能知道你心中所想。
- 希望别人会按照你希望的那样说话办事。
- 希望你的爸爸、妈妈、兄弟姐妹会做出改变，变得跟以前不一样，或者"更好"。
- 希望别人知道要按照正确的方式（你的方式）去做事情。如果事情没有按照你的希望进行，你会很生气。
- 希望别人跟你有同样宗教信仰和政治观点。在药品和生理上，观点也能保持一致。

如果别人没有按照你的方式做事情，或者事情没有按照你希望的样子进行，你会心烦意乱、很郁闷或者很生气。但是，心情不好的人，是你。你给自己带来了苦恼。

你的生活可以没有苦恼和失望。你只要放弃批判自己，停止给别人还有你生活中的事情设立期望值，就可以了。没有了期望值，你才会摆脱沉重的心理负担。如果你不把时间浪费在绞尽脑汁想应该如何开这个派对上，你才能在这个派对上玩儿得开心！

5. **责备**。这也是一个坏习惯。它会阻止你享受生活，妨碍你开心地生活。"如果朱莉昨晚没给我打电话，我会多学习一会儿，我也就能通过那个考试了。"当你在责备自己的时候，你把自己当成了一个无助的受害人，你的人生也因此而白白浪费了。有些人一辈子都在抱怨自己的无助，觉得自己是个"小可怜"。甚至当他们有机会帮助自己的时候，他们都不会去做。（你其实完全可以告诉朱莉，说你没时间聊天。）

6. **活在过去和未来**。我们许多人都将生活变成了噩梦。我们收集发生在自己身上的坏事情，迟迟不肯放手。"我在三年前的一次演出中，忘记台词了。我现在想起来，还感到很难受。"我们总是抓住这种事情不愿放手。"我在四年级的时候，失去了最好的朋友。就因为我生气了，告诉她她很丑。"健康的处理方式应该是，原谅你自己，从中吸取教训（你学会了尊重他人的感受），然后向过去说"再见"。人要向前看！愤怒、忿恨和愧疚，这些会给我们的生活带来沉重的包袱。它们都发生在过去而不是现在，除非你老想着这些事。

你可能总是担心未来会发生的事情。你会因为可能发生的事情，而把自己吓个半死（"要是我把每次比赛都搞砸，怎么办？大家会杀了我的！"）你可以留意一下自己经常担心的事情。你会发现自己大部分的担心其实都是多余的——你担心的事情都没有发生。如果你活在将来（或者过去），你就错过现在了！如果你能放松，学着享受眼下的生活，你会感到更幸福！

第三章　自尊（喜欢你自己）

> 生活重在过程，而不在结果。

"但是，我难道不该规划一下将来去哪上大学、未来的职业方向以及将来的生活吗？"你当然应该这样做。你只要别让自己详细的计划变成不必要的担心，就可以了。生活每天都会给我们带来美好的经历。你可以在计划并准备面对未来的同时，享受一下眼下这些美好的经历。

找准平衡点，才是关键。

> **别错过生活中的"小事情"**
>
> 嗅觉——花朵、清新的空气、新修的草坪、烤好的曲奇饼干。
>
> 听觉——音乐、风声、你心脏的跳动声、你的猫发出的声音。
>
> 感官——柔软的衣服、湿泳衣、暖/冷空气、强壮的双腿、双脚触地的感觉、站立、奔跑。
>
> 视觉——处处都是美：颜色、形状、纹理、有生命的东西、大自然、建筑物、大东西、小东西、细节。

学会喜爱你自己

学会接受你自己。原谅你自己有一双内八字的脚，或者你那一头乱蓬蓬或卷曲的头发。原谅自己嗓音太尖。不要再纠结于脸上长的粉刺。即使你有着一米八的身高，可是胳膊却很短，那又怎样？你应该感到骄傲，因为你是独一无二的！

你的感受也是你自身最重要的组成部分之一。即使你无法总是感觉"很棒",你都不必担心。我们都有嫉妒别人、生气、愤愤不平的时候。你要允许自己有这样的感受。只要你能注意到这些情绪,你就不必对此太过自责。你在注意到这些消极的感受以后,便可以对自己说:"是的,我毕竟是人!"然后继续过你的日子。

你一生中最重要的任务就是做好你自己。不管你信不信,没有人指望你能成为别人。你已经很棒很出色了。你为什么不能轻松地做你自己呢?你其实是一个很了不起的人,因为你掌握了一定的技能,你有天分,为人又热情,对别人也充满了关爱——当然,你也有其他人有的各种毛病。你也可能会改变自己身上的一些东西。尽管这听起来很有意思,但是如果你想成为自己想要成为的那种人,你首先要做的就是——接受你自己!如果你想成为学校里最友好的那个人,你必须首先接受一点。那就是,你现在为人还不够友善。如果你想当一名更出色的球员,你就要接受自己的弱点。只有这样,你才能知道自己需要在哪些方面做出改正。

"尊重你自己"

你要学会喜爱自己。这不是什么复杂的事情。它需要你付出一点儿心血,将你的消极想法转变成为积极的。你需要关注

第三章 自尊（喜欢你自己）

生活中美好的事物，并想一想你身上的那些闪光点。这样，你就会从一个悲伤、脾气暴躁的人，变成一个知道如何让自己开心快乐的人。幸福就在眼前——它既不在未来，也不在过去。

你无法保证自己经历过的每时每刻都是快乐的。生活有时候会给我们带来各种各样的挑战，让我们不会很容易就发现快乐，或者避开不开心的事。但是，请你学会注意到自己能够抓住的那些幸福。这个世界无时无刻不在变化：你不喜欢上的课；学校里最受欢迎的那个人讨厌你；你暗恋上了别人，可是对方却对你没感觉……他们不会永远出现在你的生活中。但是，学会接受它们，舒舒服服地做好你自己，这却是一个你可以掌握的技能！你可以做自己最好的朋友，学会如何爱护并照顾好自己。这才是你做回自己，并用自己有限的生命做自己想做的事情的基础。

人生就是这样的……

找到你生命中的美好事物，以及你身上的闪光点，并接受你的缺点。这么做可以帮助你学会喜爱自己，进而学会享受生活！

- 不断练习，将你的消极想法变成积极的想法。
- 从你"内在的敌人"那里抢回你的自尊。
- 原谅你的缺点，接受你自己。

第四章　假若我与众不同，该怎么办呢？

（我们戴着的面具）

与众不同并不是什么奇怪的事情。事实上，大部分人身上都有一些在别人看来很奇怪的地方，尽管他们可能会试图掩藏这些不同之处。我们往往喜欢自欺欺人，认为只有小部分人是与众不同的。但是，实际上我们每个人都有各自的不同之处，只不过一些人"融入"得比较好而已。大部分人将自己身上那些脆弱、傻乎乎、幼稚或不同之处掩藏起来，好让大家能够接受他们——他们会表现出很冷静、成熟或者随意调侃他人的样子。一些人会忽略自己的感受或者良心，以避免别人把他们当成"异类"：当他们的朋友取笑别人的时候，他们也会加入。或者，他们会表现出自己好像不太在意朋友的行为，可事实上又很介意。虽然我们可以在表露出大众化想法的同时，保留自己的真实感受，但是我们还是要记住一点——不要在别人面前改变得太多，以至于你都忘记了自己是谁。只要我们越尽量做回自己，我们越会发现，其实与众不同也是大家的共同之处！

但是很不幸的是，很多人往往会很害怕那些与众不同的新想法。在那些自己眼里"不同"的人面前，他们会感觉自己受到了威胁。这就是我们经常所说的"我们PK他们"的想法——一个圈子里的人觉得另外那个圈子里的人都很"非人类"，跟自己不是一个世界的人。但是，尽管有一些人会害怕甚至是很残忍地对待那些跟他们不同的人，也会有人思想开明，乐于接受别人的不同之处。

新学校

拉蒙刚刚转学到了一个新学校。他十分想念自己在洛杉矶的老朋友们。在洛杉矶，拥有墨西哥血统是一件很稀松平常的事情。但是，在这个新镇子上，他是这里唯一一个母语是西班牙语的孩子，而且他觉得自己也是这里唯一一个有墨西哥血统的人。一开始，拉蒙自己一个人吃午饭，也交不到什么朋友。有一些男孩子开始取笑他，叫他"湿背人"（译者注：wetback，非法入境的墨西哥劳工），还给他起其他侮辱性的外号。那些人跟他的穿着不一样，听不同的歌曲，过着与他完全不同的生活。拉蒙感到很愤怒、无助。搬家离开自己的朋友已经让他感到很糟了，他现在还得忍受这里的人这么对待他！然而，这个小镇也不是一无是处。他喜欢这里的宁静，也不用担心这里会有什么街头犯罪或者帮派组织。他还可以抽空回洛杉矶去看看自己的老朋友们。

后来，拉蒙在吃午饭的时候注意到了学校里的几个孩子。他鼓起勇气，走过去向他们进行自我介绍。他的新朋友们在学校里

第四章 假若我与众不同,该怎么办呢?(我们戴着的面具)

> 也有其他朋友,这些人最后也成为了他的朋友。很快,连几个曾经取笑过拉蒙的孩子也开始觉得他很酷,即使他与他们有那么多的不同之处。

各种不同类型的"不同"

很多事情都可以让一个人显得与众不同。就算我们在某些方面与别人不一样,有一些人却在历史上因为自己在残疾、人种、种族、宗教信仰或者性别认同这些方面的不同,受到了不公正的待遇。你的情况可能就符合这些不同类型之一,或者你自己莫名其妙地就是觉得自己跟别人不一样。

尽管人与人之间存在很大的差异,但是与差异相比,我们彼此间的共同点还是很多的。我们都希望能有安全感,都想感觉很棒,希望爱与被爱以及过得幸福快乐。我们都要吃东西、喝水、睡觉以及有一个可以遮风挡雨的窝。我们都希望好事情能发生在朋友和家人身上。我们还希望自己能够随心所欲地做自己。

既然人与人之间有这么多共同点,那么你一定难以理解为什么这世界上会有这么多的暴力和歧视行为。要回答这个问题可不太容易。很多人就是害怕。还有一些人就是感受不到自己在欺负别人的时候给他人带来的痛苦。那些欺负别人的人不是怪兽,尽管他们看起来像。他们其实是因为自己所受的教育以及所处的文化背景给他们灌输了不正确的价值观。很多欺负人的人以前在某种程度上受到过家长的虐待，这自然而然就使得他们去欺负别人。

面对欺负人的人，我们该做什么

很不幸的是，有时候与众不同意味着我们要学会应对那些不知道该如何与你交往的人——他们也许会与你保持一定距离，但是有时候他们会欺负你。

欺负这种行为有时候不明显（散布关于你的谣言或者唆使别人拒绝你），有时候却又很明显（谩骂、叫喊、人身攻击甚至是强奸）。女孩与男孩欺负人的方式亦不同。女孩们一般会以不明显的方式欺负其他女孩。男孩更容易欺负别人，而且他们通常都会使用暴力手段。这些人甚至会通过电子邮件、网站或者短信的方式来欺负你。如果你经历过任何形式的欺负，或者你欺负过别人，你并不孤单。在美国，大概有30%的青少年都经历着欺负带来的困扰。他们要么欺负别人，要么被别人欺负，或者两者都有[1]。

---

1 T.R.南斯尔（Nansel, T.R.），M.奥弗派克（Overpeck, M.），R.S.皮拉（Pilla, R.S.），W.J.鲁安（Ruan, W.J.），B.西蒙斯-莫顿（Simons-Morton, B.）和P.沙伊德（Scheidt, P.）（2001），《美国青少年中的欺负人行为：盛行以及与心理适应的关联》，选自《美国医学会杂志》，285（16），2094-2100。

第四章 假若我与众不同，该怎么办呢？（我们戴着的面具）

- **告诉别人**。不管他们为什么欺负别人，或者这个社会为什么会对某些特定群体有着长期的偏见，你都可以对此采取措施。跟一个能够帮助你的成年人讨论你遇到的困难，是一个很好的方法。这个成年人可以是家长、学校辅导员或者治疗师。如果你跟这个人谈的时候，他／她没有明白你的感受，那么你就去找别人谈。如果你觉得有人可能会伤害到你或者别人，你一定要跟可以伸出援手的大人谈一谈（有必要的话，你可以匿名地去找大人谈）。你可能害怕告诉别人，或者觉得这么做很尴尬，或者你觉得自己完全可以处理好这个问题，但是成年人可以帮助你通盘计划好眼下的状况。而且，如果对方恃强凌弱的行为很严重的话，成年人的帮助还是很必要的。但这并不意味着你需要告发那些欺负人的人，给他们惹麻烦（除非他们对你进行人身伤害或者偷你东西了）。这么做会让他们知道你很心烦，进而产生事与愿违的后果。

- **保持冷静**。不要让欺负人的人知道你有多心烦。保持冷静，不要打击报复他们。如果欺负人的人知道他们让你心烦意乱了，他们会将伤害的程度升级。你可以平淡坚定地做出回应，或者你干脆一言不发，一走了之。有时候，你可以运用自己的幽默感，通过开玩笑或者自嘲来缓解眼前的状况。

- **表现出自信心。** 向别人证明你有多看重自己。站直身子，昂起头，与对方进行眼神交流，自信地走开。如果你展现出自信的一面，他们不太可能会把你当成欺负的对象。
- **交朋友。** 自信心也会帮助你提高自己的社交能力。人多力量大，这点连那些欺负人的人都清楚——他们更容易欺负那些总是落单的人，而不是那些总跟一帮朋友在一起的人。你可以经常跟朋友们一起消磨时光，特别是当那些喜欢欺负人的人在你周围的时候。学会为你的朋友们挺身而出，并鼓励他们也为你挺身而出。
- **避开会为你带来麻烦的状况。** 如果你只是偶尔会受到别人的欺负，那么你能避免就避免。尽量不要单独跟那些人在一起——躲开那些僻静的地区，或者没有老师家长在的地方。尽量把朋友叫过来跟你在一起。如果你在上学的路上受到了别人的欺负，那就选择别的路线上学，换个出门的时间或者找一个人跟你一起上下学。
- **重新建立起自信心。** 如果别人欺负你，让你丧失了自信心或者自尊，你可以多多参加那些你觉得有意思的活动。这么做可以帮助你重新树立起自信心。多挖掘一些新的兴趣爱好。结交一些跟你有共同兴趣爱好的新朋友。多参加一些课外活动（体育队、艺术活动、音乐会等）。

第四章 假若我与众不同，该怎么办呢？（我们戴着的面具）

- **永远不要使用暴力或者携带武器出门。**你不知道这么做以后那些欺负人的人会对此做出什么样的反应。那些人也许会抢过你的武器对付你或者其他人。暴力会很容易升级。千万别冒这个险！
- **被别人欺负，不是你的错。**欺负人的人通常会将目标锁定在那些总是落单的人，或者那些看上去不够自信的人身上。对他们来说，选个与他们不一样的人，欺负后马上逃脱掉，是很容易的。但是，被别人欺负，这事儿跟你没有任何关系。这其实是那些欺负人的人的问题。你要记住，人们对待你的态度只能说明他们是什么样的人，而不是你是什么样的人。
- **如何帮助其他被欺负的人。**在不给自己惹麻烦的前提下，你可以为那些受欺负的人挺身而出。你要拒绝参与到欺负别人的活动中去。你可以尝试着缓和当时的情况，或者转移他们的注意力。如果可能的话，找个可以帮忙的大人来帮助你们。你可以鼓励欺负人的人跟大人谈谈。或者，你可以通过帮助那些受欺负的人，听他们倾诉，为他们提供支持。你还可以让其他人参与到帮助活动中去，或者友善地对待那些受欺负的人。你可以中午跟他们一起吃午餐，或者陪他们上下学。你可以参加学校里那些反欺负社团的活动。如果你们学校没有类似的社团，你可以自己成立一个。如果其他学生不一起欺负别人，甚至劝阻那些欺负别人的人，那么这些人再想欺负别人也就没那么容易了。
- **如果你欺负别人**。你要知道，欺负人的行为会伤害到别人，你更不必参与到其中去。如果你觉得自己情不自禁地想欺负别人，你可以跟大人谈一谈，看看有什么办法可以帮助你改正这点。你可以站在别人的角度，想象一下受欺负是什么感觉。如果你觉得自己很难想象，那你可以找个人帮助你站在别人的角度感受一下。你可能不希望别人觉得你人不好或者喜欢虐待别人。但是，如果你不断地欺负别人，大家就会觉得你是这种人。此外，人们不会尊重那些欺负人的人。他们害怕这种人。当你不再欺负别人的时候，你才能赢得别人还有你自己对自己的尊重。

网络欺凌——以短信作为武器的欺负方式

向别人发送内容不友善的即时信息、短消息或者电子邮件，在网站或者博客上散布有关别人的谣言或者侮辱性话语。类似这些在网上欺负人的手段，都是在技术时代中科技发展带来的负面结果，而且这还是一个很容易被运用的手段。毕竟，有了高科技的帮助，那些欺负人的人都不需要"鼓起勇气"面对面地攻击他们的受害对象了。有人编了一句学校里流行的

第四章 假若我与众不同,该怎么办呢？（我们戴着的面具）

话:"棍棒和石头可能会敲碎我的骨头,但是侮辱性的话语伤不了我一根汗毛。"说这话的人一定不是这种网络欺凌的受害者！

如果你是网络欺凌的受害人,你的第一反应可能是奋起反击,或者反过来欺负对方。但是,这么做只会激怒对方——对方会借此机会进一步欺负你。你该怎么办呢？

- 阻止与对方的交流。
- 将对方欺负人的行为报告给值得信赖的大人。将你与对方的所有通信内容都保存到电脑里,然后出示给家长、老师、执法人员或者你信赖的大人看。很多学校都有校规,可以惩罚这种欺负人的人。
- 通知互联网服务提供商,或者网站的版主。

很多在网络上欺负他人的人都觉得自己做事神不知鬼不觉,但他们的所作所为还是会被人发现。你要做的就是拒绝传阅他们发的消息,同时自己也不要做这种人。一定要与你的朋友分享全国预防犯罪委员会传达的消息：

"如果有些话你不愿意当面对别人说,那就不要在网上说。删除那些网络欺凌者发的消息。你自己也不要去写这种消息。也不要转发这些消息。"

在网上保持安全

虽然很多网友都很友好,但你还是有必要保护自己免受那些网络欺凌带来的危害。下面我来介绍几个可以保持安全的方法：

- 不要在网上发布或者与别人分享你的个人信息（包括你的全名、住址、电话号码、学校名称、家长的名字、信用卡卡号或者你的社会保险号码），或者你朋友的信息。
- 不要告诉任何人你在网上使用的密码，家长除外。
- 不要与那些你在网上认识的人见面。
- 告诉你的父母你在网上都做什么。

[信息来源：全国预防犯罪委员会（the National Crime Prevention Council），http://www.ncpc.org/cyberbullying]

文化冲击

你可能像拉蒙那样，自己的文化背景和学校里的其他孩子不一样。如果你吃的东西、看的演出、读的书或者生活经历和别人的不一样，你与别人接触往往会变得更难。如果你与其他人之间存在文化差异，你们看世界的角度就会不一样。你们会有不同的兴趣爱好，或者别人觉得你的一些想法很奇怪。

如果学校里只有你一个人过光明节（Hanukkah）而大家都过圣诞节，或者只有你一个人的肤色跟大家不一样，你一定会感到很孤独。这种孤独感会让你觉得自己被孤立了，或者让你觉得自己就像个局外人一样。你可能觉得交到朋友是一件很难的事情。你也可能觉得日子很难过，因为你老被别人欺负或

第四章 假若我与众不同,该怎么办呢?(我们戴着的面具)

者取笑。或者,你的人种、种族或者性别让你受到了歧视,或者别人因此对你有成见。这些事情让你难以应付。但是,你的与众不同之处也会为你带来意想不到的好处。

人类的经历是丰富多彩的。我们的洞察力和才智也会由于自身的多样性而得到发展。这就好像一锅炖菜一样,只有向锅里添入许多配料,炖菜的味道才会更浓更香。如果你能与他人分享你的观点和看法,这便可以帮助他们去思考为什么他们会信仰某些事物,或者以某种方式做某些事情。这样,你不仅帮助了别人思考并成长,你也加深了对自己的了解,感到自己与不同的人更靠近了。

如果你有某种缺陷

其他孩子会对那些身体有残疾的孩子不太敏感。不管你是听觉上有障碍、身体上跟别人不一样、还是发育失常,别人都会因为你跟别人不一样,就不给你同等的待遇。幸运地是,我们还有个扎根很深的残疾人人权运动。现在,人们对残疾人所面临的问题越来越清楚了。除了残疾以外,一些青少年朋友的身体状况也不是很好。他们患有一些疾病,比如癌症、糖尿病或其他的重病。这些疾病会改变他们的人生。应付社会问题所带来的压力,会使他们在处理健康问题的时候,遇到更多的困难。有一些机构提供了一些小贴士,用于对付重病并建立资源关系网。这样，你便可以跟那些有类似问题的同龄人进行沟通了。

- **独立的重要性**。家长们有时候对孩子会显得过于保护了。他们忘记了身体有残疾的青少年跟其他同龄人也有一样的需求：探索欲，学会独立，开心。离开父母的庇护，独立做事情，是很重要的。但是，这要以负责任的态度来完成。多参加课外活动。多结交那些跟你有共同兴趣爱好的人。你也可以研究一下本书中提供的资源，然后找到那些能够为残疾少年提供帮助的组织。很多身体有残疾的青少年朋友们确实感到自己受到了排斥。但是，你现在有更多的机会去拓宽你的世界了。

里安娜的故事

里安娜自从生下来就双目失明。她的父母对待她与其他兄弟姐妹却没有什么不同。她从来不觉得自己有什么地方有问题。里安娜在上小学的时候，去了一所专门为双目失明的孩子建立的特殊教育学校。她很喜爱自己的老师，并结交了很多跟她一样的朋友。她和父母达成一致：她将来要去一所普通高中继续念书。她跟所有其他孩子一起，上常规课程。不过，她自己也会上一些特殊课程。当里安娜发现其他同学好像对她不是那么友好的时候，她感到很吃惊。她尝试了几次，去跟几个女孩子交朋友。但是，她们都清楚地向她表明，她们不想跟她做朋友。于是，里安娜只好中午一个人吃午饭。她开始感到很不开心，很孤单。她问父母，自己究

第四章 假若我与众不同,该怎么办呢?(我们戴着的面具)

> 竟该如何是好。爸爸妈妈跟她一块儿在网上搜索了一下。他们发现本地有一个支持小组。这是由当地那些身体有残疾的孩子们组成的。这个支持小组可以帮助里安娜向别人倾诉自己的感受,也可以帮助她在那些跟她面临同样挑战的人当中,找到群体感。 放学后,她的新朋友们会去她家找她。大伙儿一起出去逛街,喝咖啡。后来,里安娜在学校里也交到了一些好朋友。在这些人中,有的人身体有残疾,有的人没有。但是,她在学校里过的很愉快,并准备将来从事与音乐相关的工作。

- **关注将来**。发展自我,有远大的梦想,制订计划。无论你的身体有何种残疾,未来之门都会向你打开。你没有任何理由不将你的梦想付诸实践。
- **做出改变**。高中,对任何一个与别人稍有不同的人来说,都是一个极端的环境。但是,这是可以避免的!一些孩子在改变学校的氛围。你也可以做到。你可以成立一个俱乐部,参与到其中去,并向那些与众不同的同学们伸出友爱之手!

我是谁?

我们已经谈论过了先天的不同之处(即人们生下来就异于常人的地方)。但是,你自己选择的差异之处呢?如果你跟大家在音乐或着装风格方面的品位不一样,你很难想象他们会有多刻薄。因为,这些因素被人们看作是判断一个人酷不酷的社会性衡量标准。如果你穿对了衣服,喜欢的音乐类型跟大家一样,那么根据这条法则,大家会觉得你很酷,并乐于接受你。如果你穿错了衣服,那么对不起了,你在别人眼里就是一个"失败者"。你见过有人在打破了这些条条框框以后,依然受人欢迎吗?尽管你好像得照着办,以求得融入集体,这么做也并不完全就是真的。人们会尊重那些坚持自己原则的人,而不是那些轻易就屈服于大众舆论的人。你有必要做回你自己,做你想做的事情。但是,怎么做很重要,关键是要自信。

比方说,你想戴一顶有趣的帽子上学去。你当时的心情很复杂。如果你戴那顶帽子,那么当人们取笑你时,你马上就尴尬了。你一直看着地面,而且没精打采地站着。那么,你很有可能无法从别人那里得到良好的反应。但是,如果你自豪地戴着那顶帽子,反过来取笑那些不喜欢这顶帽子的人,那么别人可能会对此做出不同的反应。

做你自己。要自豪!

性感的穿着也会带来压力

女孩儿们通常会感到,性感的穿着给她们带来了越来越大的压力。如果你不穿紧身牛仔裤或者低胸衬衫,其他的男孩女

第四章 假若我与众不同，该怎么办呢？（我们戴着的面具）

孩们会取笑你。不知怎的，我们的文化已经决定了，你要想成为一个有吸引力的人，那你就得性感才行。这意味着你得公开化你的性别特征。但是，如果你仅仅通过一个女孩子穿高跟鞋或者短裙的样子，来评判她美丽不美丽的话，这就好比你通过一个男孩子能否穿上牛仔裤，并保持裤子不掉，来判断他帅不帅一样。

不仅性感的穿着会给人带来压力，太随便也会给人带来压力。人们也许会觉得，对待性的问题随便一些是酷、时尚、正常的表现。保守态度会被认为很老套。社会想为我们决定该穿什么衣服，以及如何对待性的问题。这其实很糟糕！社会名流、电视节目以及音乐录影带不断地向我们传递一个信息："你的外表，以及你跟谁发生关系，这都是你的一部分。"但是，正如你有权利决定如何展示自己一样（尽管你的父母、学校还有法律对此有一定发言权），你有权利掌握自己在性方面的事情以及表现。你可以思考一下你的穿衣风格，以及这种风格想向人表达什么。你穿衣是为了取悦自己吗？还是你的父母？你的朋友们？男孩子们？你穿得这么性感，就因为你觉得自己有必要这么做？如果你独自生活在一个孤岛上，你会怎么穿衣服呢？如果一个女人希望向别人展现自己的曲线美，或者想穿高跟鞋，这没有什么错。如果她想穿长袖上衣、网球鞋还有宽松款的牛仔裤，这也没什么错。决定权在你手里。最终，只有你自己可以评判自己的时尚度。

你对待性问题的态度,也是你自己的选择。对待这个问题,我们没有一个正确的标准。如果一个人发自内心感到自己已经做好了准备,并且以安全健康的方式,在毫无压力的情况下,这算是合法的决定。对于那些想等到结婚以后才发生性行为的人们——或者是在那种一夫一妻制、充满爱的男女关系中——这也是一个值得尊重的选择。重要的是,你尊重自己的价值观和欲望。千万别根据酷不酷来做重要的决定。不管你是谁,这么做才算酷!

周日、周六,还是根本不?

宗教信仰也是一个会影响情绪的问题,因为宗教信仰决定了我们看待这个世界的角度以及我们怎么判断善良与邪恶,还有对与错。如果你的宗教信仰与周围大部分人不一样,他们可能理解不了你,甚至会对此抱有成见,或者将之与神话联系到一起。"9·11事件"以后,很多伊斯兰教信徒(Muslim)成为了暴力和偏见的袭击目标。而且,有些人出于恐惧和无知,仍旧会对所有的伊斯兰教徒怀有成见。他们没有看到大多数伊斯兰教徒并不暴力,而且他们的信仰与犹太人和基督徒差不多。有些人身上挂有宗教符号或者穿着带有宗教含义的服装,这在外人眼里就是"诡异"的。比如,一些伊斯兰女教徒穿黑色罩袍(chador),有些锡克教(Sikhs)男教徒随身佩带短剑

第四章 假若我与众不同，该怎么办呢？（我们戴着的面具）

（kirpan），佛教徒（Buddhist）会剃光头，犹太教男孩子们会戴一种圆顶小帽（yarmulke）。想让无神论者和有宗教信仰的人互相理解，也是很难的。

很明显，很多冲突都是因为持不同宗教信仰的人不能容忍别人的信仰。你可以通过对别的宗教信仰有所了解，来帮助人们做到容忍他人并理解彼此，而不是互相攻击，憎恨彼此。你会发现，其他宗教信仰其实跟你自己的信仰没有什么太多的不同之处。无论我们做出什么样的选择，有什么信仰，我们每个人都有权受到别人的尊重。不管这个人信上帝，还是信仰别的神，你都应该友善地对待这个人。没准儿你还能由此学到一些新东西！作为人类，我们都试图搞清楚我们存在的原因。由于有很多东西是我们不清楚的，我们能得出很多不同的结论。

你的信仰

你的信仰可能与你父母的不同。也许你对政治问题持自由的态度，但是他们却是保守派。或者，你相信艺术是唯一要紧的事情，但是他们想让你当一名医生或者工程师。这对你和父母来说，都不是一件容易的事情。你可能觉得自己的父母太严厉保守。你因为他们不理解你而感到很生气。他们可能担心你的信仰会给你带来危害。他们可能还觉得引导你做出正确的选择才是好父母的表现，而这么做恰恰使他们看上去太严厉了。

少年维特可以没烦恼

你很快会成为一个独立的成年人，并为自己的决定负责任。这可能有点儿吓人，但也会让你感到自由舒畅。因为这意味着，最终只有你自己可以决定你想成为什么样的人。你有权按照自己的方式相信、感受、经历这个世界。你有权选择自己的价值观念。因此，虽然你与父母住在一起，需要遵守他们给你定的规矩，但是你与父母也会有意见相左的时候。不过，很快你就会独立自主起来。到那时，你将为自己做出决定。你还可以：

- **教育别人**。你父母的担心可能与他们缺乏相关信息有关。比如，如果你想成为一名职业舞蹈家，妈妈担心你可能会因此严重地伤害自己的健康。那么你可以做点儿研究，好让她宽心。或者，如果你想给政党候选人当志愿者，那你就得告诉父母这个候选人跟他们有什么共同的价值观。在很多时候，告诉父母你会为自己的行为负责，以及你会严肃对待自己的决定，这么做完全可以获得他们的支持。但是，他们有时候还是会拒绝你。如果这种情况发生了，你要告诉他们独立对你来说有多么的重要，以及你现在就想学会如何承担责任，而不是等你成年以后。但是，父母有时候可能接受不了新的想法。比如，你是个无神论者。你知道爸爸妈妈知道这件事以后会非常心烦意乱，甚至是反应激烈。那最明智的做法就是，你暂时保留自己的

第四章 假若我与众不同,该怎么办呢?(我们戴着的面具)

想法。做真实的自己在任何时候都是有必要的。但是,有时候如果你觉得自己的想法会导致别人做出伤害你的事情,那你就应该明智一些,不要跟他们分享自己的想法。尽管教育别人不是你的责任,但是这么做可能会帮助他们理解你为什么会这么做。同时,这么做还能帮助他们包容很多跟你一样的人。

- **做你自己**。不管父母和朋友会有何种反应,你依旧可以坚信自己想要的东西,以及你想成为什么样的人。做你自己不是一件容易的事情。但是,这比相反情况要好得多:活在谎言中,或者按照别人希望的那样过日子,以博得别人的喜爱。你没有必要将自己的一切告诉每个人——你可以自己判断倾诉对象。但是,你依旧可以为自己感到自豪,就算有些人不能理解你。

- **要自信**。如果学校里只有你一个人在某些方面跟别人不一样,那你的日子会比较难过。如果你的同学们从来没有见过印度教教徒(Hindu),或者学校里只有你一个人支持"绿党"(Green Party),你就无法很轻松地融入到大伙儿当中去。如果你对自己是什么样的人而感到很自豪,你就等于告诉了其他人信伊斯兰教、吃素或者同性恋不是什么可怕的事情。你的自信甚至会鼓励其他人随心所欲地做自己。

- **与各种各样的人社交**。你可以通过尽可能地与各种类型的人交朋友，为大伙儿改变社交氛围。不要因为对方穿得很考究而你却穿得很朋克，或者他们周六早上去庙里祭拜而你这时候都在睡懒觉，就害怕与对方交朋友。如果你了解到某人只通过一些陈词滥调就对别人抱有成见，或者胡乱评论别人，你应该告诉此人，让他／她少来这套，并学会包容别人！

"我有一个朋友，他／她跟别人不一样"

如果你有一个朋友，他／她跟别人不一样，你可能会因此被别人取笑，或者经受不住压力而不再与这个朋友一起玩儿。你的朋友可能向你透露了有关他／她的一些新鲜事儿，或者是他们穿得与别人不一样，认识了一些新朋友，行为开始反常等。这时候，你可以梳理一下自己的感受：你感觉如何？觉得不自在？恶心？还是特别别扭？不要害怕这些感受——我们都有一些自己不会引以为荣的感受。如果你的朋友在某些方面发生了变化，而你又恰恰不喜欢这种改变，你应该试着站在他／她的角度看待此事。他／她为什么变了？他／她会因此变得快乐吗？你自己对此产生的偏见是不是妨碍你接受他／她的这些变化？

每个人都有权改变自己，按照他们自己的方式拥抱生活，并决定自己想成为什么样的人。我们作为朋友，在任何情况下都应该友善地对待他们！如果你的朋友变了，你觉得你们之间

第四章　假若我与众不同,该怎么办呢?(我们戴着的面具)

没有共同之处了,你不再享受跟他/她在一起的时光了,这都不要紧。朋友之间偶尔会发生这样的事情。但是,你一定要告诫自己不要有任何轻率、表现出愤怒的行为,比如骂人、散布谣言或者孤立对方,因为你以后会很后悔。你的朋友向你吐露了心声,你至少应该做到对他/她表示尊重!

　　感受只是一些感觉而已。它们应该得到你的认可,但是你却可以决定将哪些感受付诸行动。在我们的想法里,社会上的一些偏见会渗入我们的生活,影响我们对事物的想法。除非我们已经努力地将它们根除,否则我们无法摆脱一些种族、性别或者恐惧同性恋的想法。我们都清楚种族偏见的存在。如果我们在与来自某个特殊群体中的某一个人交往的时候,发生了不愉快的事情,我们很容易会对这个群体产生成见。宽容别人并不意味着我们从来没有这些想法。它意味着,我们知道自己对别人有这些偏见,但是我们能够努力做到不带有这些偏见地跟对方交往。根除这些想法和感受是不可能的,除非我们生活在一个没有偏见的社会中。但是,在与别人交往的时候怀有一颗宽容的心,这是你能够做到的。站在别人的角度考虑问题,将他们视作健全的人,就是宽容待人的第一步。你可以想一想他们的人生是什么样的,他们跟你有什么共同之处,以及他们在哪些方面会跟你不一样。

　　接受朋友和群体的不同之处,可以使我们放心大胆地做自己想做的人。这也可以使我们赞美各种不同类型人的人格尊严和存在价值。

　　我们每个人都跟别人不一样！如果我们都能学会接受彼此的不同之处，这不是很好吗？我们很难做到在长大成人的过程中，能够一帆风顺。在这个时期，你需要搞明白你想成为什么样的人，脱离父母，并为自己的人生设定一个前进方向！但是，如果你在这时候需要处理性别、身体残疾、被欺负等问题，或者你父母很严厉，他们不理解你身上的变化等方面的问题，那么这个过渡期就变得异常难熬了。你要鼓起勇气，因为无论事情有多糟糕，你都会从这些经历中有所收获。总有一天，你会真真正正过上属于你自己的生活！

不同之处在于……

- **学会自我保护**。学会一些必备的技能，以确保自己的人身安全。与那些难于接受你身上的不同之处的人打交道，比如那些欺负人的人。
- **教导其他人**，如果这可行的话。人们的消极反应通常来自他们对自己不了解的事物的恐惧心理。
- **要自信**。如果你能自在地做回自己，并通过你的行为和举止向别人展示出自信，他们才能自在地接受你！
- **与人交际 / 结交朋友 / 向别人伸出援助之手**。不要指望别人会主动靠近你，或者向你伸出援助之手。你需要努力与他们交际，这样他们才会知道你有多么了不起！

第五章 "你快乐吗？"

（感觉不错）

你可以自己为自己做很多事情。无需通过吸烟，你便可以让自己感觉不错。为了帮助你做到这点，我罗列了一些基本要素。在不断地发现美好事物的过程中，你可以把自己能为自己做的事情添加到这个清单上，以帮助自己打起精神来。

- **运动出汗**。每天都至少运动 15 分钟以上。你需要认真努力运动，直到出汗为止。把它当作一件充满乐趣的事情去做。锻炼其实可以使你的身体产生一些化学物质，它们会使你感到很不错。过后你便会发现你对自己的感觉好了很多。（你可以慢跑、爬山、骑自行车或者玩儿滑板、跳舞、跟你的狗玩儿拔河、跳绳或者跟朋友们玩儿球。）

- **凡事往积极方面想**。将你的注意力集中到生活中美好的事物、你身上的闪光点以及你喜欢做的事情上去。

你可以试图捕捉到那些事情给你带来的美妙感觉。这样,你可以在需要的时候记住它们。

- **找到倾诉对象。**找一个朋友当你的倾诉对象。他/她在听你诉说的时候,不会对你随便地瞎评论。这个人需要完全接受你,而且乐意听你诉说,但是又不会给出自己的建议,除非你对他/她有所要求。
- **放松!**放松可以缓解压力。你可以让自己保持冷静、警觉、清醒以及感觉到有竞争力和能力。当你心烦意乱的时候,你可以看着某个事物,然后详细地跟自己描述一下它。你可以在这个东西上找到几种不同的颜色?它的纹理是什么?这个东西有味道、气味和声音吗?过后,你会感觉好一些了。因为你离开了过去,但是还没有迈向未来。你在探索当前。

更多让自己放松的方法:

- 深呼吸,然后慢慢吐出一口气——至少重复10次。
- 躺下,闭眼:现在绷住你身上所有的肌肉——脚趾弯曲,咬紧牙关,握紧拳头——保持这个状态几秒钟。现在,让你的肌肉放松。想象一下,你的每一寸肌肉都放松了,并慢慢变热——从脚趾到头顶,来一次全身的运动,直到你的周身都放松。

第五章 "你快乐吗？"（感觉不错）

- **获取自然亢奋**。你可以不依靠药物就让自己开开心心的。这种自然的亢奋可以来自全身放松、享受大自然带来的乐趣、赢得竞赛、实现一个目标、有所作为或者让你自己处在一个可以发现美的环境中。你可以从生活中的很多方面获取自然的亢奋。你无需药物的帮助就可以实现这点！

- **怀有感激之情**。花几分钟放松一下你的身心。想想生活中那些值得你感激的事情。将它们列举下来，并坚持往上面添新的内容。如果你感到沮丧，你可以列个新的单子。你要确保这个单子包括了父母和朋友的闪光点，你觉得自己身上美丽的地方，快乐的时光，你的人生中特别的人，还有类似生日和节日这种重要的日子。

- **在你的清单上列举出美好的事物**。当你关注自己身上的闪光点时，你的生活会发生翻天覆地的变化。将你的闪光点列举出来（掌握的技能、天分、实力）。确保每一项都是积极的。不要说这样的话："有时候，我觉得自己还不错。"你要说："我喜欢我自己。"

列一个长长的单子，最好有好几页。如果你觉得开头很难，你可以向朋友、父母、兄弟姐妹寻求帮助。你可以说："你觉得我身上有什么地方是你喜欢的吗？"把对方说的所有内容都记下来。

- 我很可爱，而且很有价值。
- 我喜欢我自己。
- 我是一个好人。
- 我很聪明，而且能力很强。
- 我是自己最好的朋友。
- 大家都喜欢我。
- 我掌控着自己的人生。
- 我实力很强，而且很有天分。
- 我对自己与别人相处时的方式很满意。

现在，写下你身上那些让自己喜欢的地方（我有一个朋友，她喜欢自己的耳垂！），你在学校里最喜欢的科目，你最喜欢的体育运动，你最喜欢做的事情，以及你所做过的值得自己骄傲的事情（并记住你当时的感受！）。不要停下来，坚持在这个单子上添加新的内容。你可以在自己穿衣服的时候、上学的路上或者等朋友的时候跟自己念这个单子上的内容。将这个单子放在你一眼就能看到的地方、你家里书桌倚靠的墙上或者是床头柜的抽屉里等地方。如果你早上醒来感觉很不爽，你可以念一下单子上的内容，直到你感到很棒为止。

- **将别人对你的称赞保留好。** 找一个纸袋子或者拿出一个鞋盒子，在顶部剪一个裂缝，标上"称赞之词"。每次有人称赞你的时候，你就把对方的话写在一张纸上，然后放入你的"赞美小袋子/盒子"里。当你感

第五章 "你快乐吗？"（感觉不错）

到很糟糕的时候，就把那个盒子拿出来。一遍遍地读那些赞美的话，直到你感到很棒为止。

- **有梦想**。我们许多人都对自己很小气。我们在过分关注自己的错误时，已经忽略了创建自己的未来。当你梦想着自己希望拥有的人生时，请认真对待自己。让你的梦想变得令人惊艳。把你的梦想变大，并且配得上你。为什么不呢？你要对自己大度一些，给自己所有那些你希望拥有的东西。梦想是免费的。没有了梦想，人生就会变得很无聊。如果你没有自己的梦想，你会发现自己在走别人的路，你就成了给他们打工的人，使用他们的想法，帮助他们发明创造。你自己为什么不做领导、发明家、建设者或者那个有惊人想法的人呢？

- **给自己拍一部电影**。关掉你的手机。关上门，并舒舒服服地待着。放松身体。给自己一点儿时间，让你的想象力纵横驰骋。假设你现在在好莱坞，你就是编剧、导演、演员兼选角导演。挑选一个剧本、写下这个剧本、挑选你自己的主角和配角、定好故事的叙述背景，然后进行导演！现在就开始，把它变得激动人心、不可思议。如果你不喜欢故事的发展进程，那就重新开始，拍一个新电影。

- **帮助他人**。这可能听起来很奇怪。你可能会琢磨："如果我自己都无法处理好自己的生活，我又怎么能够帮助别人呢？"但是，不管你是定期做义工——可能是在当地的动物收养所、医院或者流浪汉之家——还是简单地为有需要的朋友或邻居伸出援助之手，帮助别人会让你感到更棒。你觉得与别人一起工作感到不舒服？你可以做很多事情来帮助我们生活的地球或者当地环境：捡垃圾；参加当地沙滩或者小溪清洁日；在当地植树节那天种下一些灌木或树木或者参加城市美化活动。(预知更多信息，请登录 www.earthday.net）

- "镜子，镜子……"你站在一人高的镜子前，看着镜子中自己现在的样子。现在，让镜子中的你变得模糊并发生变化，直到它变成你喜欢的样子为止。你看着自己走动，边比划边说话。你看着自己变得精神些、快乐些。给你的年龄再增加10岁。这时的你看上去什么样子？你看到自己举手投足间更自信了，你看到自己脸上的表情。你的谈话方式是什么样子的？然后再增加10岁。随着每次年龄的增长，你的权力、才能、掌握的技能都有所增长。当你到中年以后，你看到自己很健康、很有活力。随着年龄的增长，你想象着自己更繁忙、多产。你的知识、技能和能力都有所增长。想象一下，在别人都退休以后，你却开创新事业。你看到自己积极地进行体育运动。你想象着自己享受天

第五章 "你快乐吗？"（感觉不错）

伦之乐，身边还有一堆朋友。你看到他们都很敬重你。现在，你把自己的想象力拉回到眼前。你的人生很棒，不是吗？你自己也很棒，不是吗？

当你好像没办法感觉很棒的时候

我们刚才已经讨论过几种可以使你感觉更美妙的方法了。毕竟，每个人都有偶尔感到沮丧或者郁闷的时候。但是，如果你总是感觉很沮丧，或者这种沮丧的感觉严重到你都无法承担的时候，你实际上患上抑郁症了。好消息是，这种症状是可治愈的，而且它是你完全可以控制的，尽管你自己可能不这么觉得。而且，这种症状比你想象的要常见得多——20%的学生在高中毕业前都患有这种症状[这一数据来自美国心理学协会（American Psychological Association）的网站：http://www.psychologicalmatters.org/gillham.html]。

我们每个人患抑郁症时表现出来的症状都不尽相同。相同症状发生的频率也不是很高，患病时间也不是都一样长。症状会因人而异。下面，我列举一些青少年朋友患抑郁症时的常见症状：

- 对以前觉得有意思的活动或者爱好失去兴趣
- 易怒、烦乱不安
- 不合群——大部分时间都自己待着，避免跟别人接触

- 睡眠问题——失眠症、过度嗜睡
- 在学校里的困难——上课难于集中精力，记不住细节知识，无法做决定
- 身体上的不适——此类包括头疼、肚子疼或者不断感到疲倦
- 总是觉得伤心、焦虑或者很空虚——对什么都不关心
- 感到无望和/或悲观
- 感到内疚、卑微和/或无助
- 饮食过量或者食欲不振
- 想过自杀，有自杀倾向

[改编自约翰·普雷斯顿（John Preston）大夫的《你可以打败抑郁症》(*You Can Beat Depression*)，Impact 出版社，2004。美国国家心理卫生研究所（National Institute of Mental Health）的网址：www.nimh.nih.gov]

现在就寻求帮助！

如果你在考虑伤害自己，或者你知道有人在这么做，你有必要马上告诉别人，并向此人寻求帮助。

- 打电话给你的医生。
- 拨打911。去医院急诊处寻求帮助，或者向你的朋友和家人寻求帮助。

第五章 "你快乐吗？"（感觉不错）

- 拨打 1-800-273-TALK（1-800-273-8255），这是美国全国预防自杀生命线（National Suicide Prevention Lifeline）的 24 小时免费热线电话；或者选择电传：1-800-799-4TTY（4889），向受过培训的辅导员寻求帮助。
- 确保你或者那个想自杀的人没有独处的时间。

如果你觉得自己的朋友可能患抑郁症了，他/她可能会传染给你。如果你想帮助患抑郁症的亲友，第一点也是最重要的一点就是，你需要帮助他/她从医生或者治疗师那里得到专业化的帮助。然后：

- 支持、理解患者。对他/她要有耐心，并鼓励他/她进行治疗。
- 与患病的亲友谈心，并认真倾听他们诉说。
- 绝对不要贬低患病亲友向你吐露的感受，但是要指出现实问题，并让他们看到治愈的希望。
- 绝对不要忽略对方提及的自杀想法，并告诉你朋友的家人他/她的这种想法。或者告诉大人，他们可以帮助你们。
- 邀请你的亲友跟你一起出去散散步，郊游或者进行其他各种活动。即使对方拒绝出去，你也要坚持邀请他/她。但是，别对他/她逼得太紧太急了。
- 提醒患病亲友，经过一段时间的治疗，这种病症是可以治愈的。

别指望你能够凭自己的力量就"治愈"你的朋友。患有抑郁症的人也需要专业人员的帮助。

我感到很棒！

良好的感觉与你自己的态度、进行的活动以及你自己对自己的看法有关。试着从下面这些小贴士中找到适合你的方法：

- 身体上——进行体育锻炼，同时也要学会放松。
- 精神上——将你的关注点聚焦在生活中有积极意义的事情上去。这样，在需要调整心态的时候，你可以将自己的思绪转移到这些事情上去。
- 情感上——向别人倾诉你的心声。这个人要乐于倾听你讲话，他/她不会让你感到不自在。你需要意识到那些可以让你感到很棒的事情。这样，你在需要感觉更好的时候，可以记起那种感觉。
- 寻求帮助——如果你不断地感到抑郁，你就需要咨询一名辅导员或者一名值得你信赖的成年人。他们可以帮助你进行必要的治疗。

第六章　听好了!

（自信）

你刚刚发现自己最好的朋友在吸烟，而且嗜烟如命。你该怎么办呢？

你可能会很生气，冲他爆发：

"你这个笨蛋！你傻透了！你怎么这么傻啊？到时候你考试会挂科，还会被运动队开除。你这等于毁掉了自己的人生，耗尽了自己的精力啊。但是，你不要毁了我的名声——我不会跟在你身边，看着你毁掉这一切的。"

或者，你也可以花点儿时间，找他单独谈谈：

"我听说你跟乔希一起吸烟，还嗜烟如命。我觉得这很可怕。我是说，我知道烟会带走你的抱负，会毁掉你的大脑。我觉得我在失去我最好的朋友，这让我感到很伤心。"

第一种反应会让你的朋友感到自己受到了羞辱。这显然帮不了他。

第二种反应只是陈述了你自己的感受，而没有评判他的行为或者对他进行辱骂。当你诚实、直率、没有谩骂朋友的时候，你能更好地与他沟通谈心（注意，这两种反应的区别在于，你从谈论"他"转移到了谈论"你"自己）。你不能强迫别人去做你想做的事情。你需要准备好对朋友放手，或者试着适应。你可以让他知道你很心烦意乱。你可以决定不去帮助他伤害自己。你可以说你不会通过掩饰或者说谎的方式帮助他。又或者，你可以干脆就让自己的想法烂在肚子里，并试着避免谈及此事。选择权在你手里。

我们目睹过很多青少年朋友通过坚定自信的方式，成功地处理好了这种难以解决的问题。坚定自信意味着，你要掌握自己的人生：清楚诚实地说出自己的看法，向他人索取自己需要的东西，并对自己不需要的事情说"不"。这是一个学会感受自我价值、提高能力和让自己强大的过程。换言之，这其实是你学会关心自己的过程。但是，坚定自信的人也会通过友爱、关心、善意、体谅的待人方式，帮助他人感受到自尊和自爱。

坚定自信帮助你实现自己的目标——但是，它不会告诉你这目标应该是什么。

什么样的人是坚定自信的？

坚定自信意味着：
- 说话要诚实

第六章　听好了！（自信）

- 在待人接物的时候，你希望别人能尊重你，并以同样的方式对待别人
- 喜欢自己
- 为自己挺身而出，并能照顾好自己
- 成为别人的朋友
- 保持冷静和幽默感，以顺利地应对各种情况

> **能体现坚定自信的肢体语言**
> - 面部表情冷静、令人愉快
> - 直接的眼神交流
> - 身体放松，姿势自然
> - 说话声音坚定
> - 举止自信

"毛衣事件"

林赛正往学校大厅那里走。她的朋友米歇尔冲她跑过来，滔滔不绝地谈论自己跟喜欢的那个男生伊恩约会的事儿。她问林赛："我可以周六借你新买的粉色毛衣穿穿吗？配我的黑色裙子会很不错，我不会给你弄坏的。"

林赛不愿意把自己的新毛衣借给米歇尔。她该怎么告诉米歇尔呢？

- 她可以红着脸，结结巴巴，浑身僵硬不自然地对米歇尔说："哦，当然可以了，米歇尔。你穿吧。"这样让林赛胃疼。她回到家以后，整晚都会觉得不舒服。

或者

- 她气得脸都红了，发作道："我真不能相信你居然问我这个问题！你知道我最喜欢这个毛衣了，而且还是全新的！你凭什么认为我能把它借给你？！"

或者

- 诚实直爽地说："米歇尔，你是我最好的朋友。我不想伤害你的感情。但是，那件毛衣是我最喜欢的衣服，我不打算借给别人。我希望你能理解，并不会因此生我的气。你知道吗，其实你的新衣服很适合你——你可以穿那身不是吗？"

如果林赛勉强同意把毛衣借给米歇尔穿，她就被动了：允许别人轻蔑地对待她，就因为她害怕说出自己的想法。

林赛的过激反应又有些咄咄逼人了：伤害或者谩骂别人，就因为她不知道如何（或者害怕）坦诚地说出自己心里所想。

最后的那种反应显示出她的坚定自信：林赛直截了当、冷静地告诉米歇尔自己的感受。

坚定自信地应对别人往往是你的最佳选择。你可以通过对比其他方式来了解各种原因。

第六章 听好了!(自信)

咄咄逼人的人就像蒸汽压路机一样——他们按照自己的方式压倒对方

咄咄逼人的人会通过以下的方式得到自己想要的东西:

- 贬损、谩骂别人,出言不逊
- 从身体上或者情感上伤害别人
- 从身体上、精神上、情感上欺负别人
- 告诉别人他们应该做什么,通过强迫的手段控制别人,强迫别人做他们不愿意做的事情
- 不听别人的意见就强行指定所有的规定
- 打断别人

表现出咄咄逼人姿态的肢体语言

- 表情严峻、愤怒
- 眼神盯得别人不敢对视
- 身体姿势很僵硬
- 声音变高
- 举止大胆

像蒸汽压路机一样的人会压倒挡住他们前进的所有人。其他人会感到很虚弱、渺小、无助,因为这个蒸汽压路机永远都在控制别人。咄咄逼人会令你失去自信,还会让你感到很糟糕。大部分人不喜欢自己周围有个人总是咄咄逼人地对待他人。他

们会想方设法躲着这种人。

很多人在受到欺负的时候,都会很生气。咄咄逼人的人往往会对人们的愤怒感到很吃惊。这种人不会把别人的感受放在心上。因此,他们不会意识到自己在伤害别人。你可以让咄咄逼人的人知道:你受到了伤害,你很生气。你可以说:"你刚才说的话真的伤害了我,"或者,"我真的很讨厌听你吩咐我做这做那,"或者,"我宁愿自己做决定,谢谢,"或者,"你可以叫我'呆子'或者其他任何称呼,但是我不会让你怂恿我吸烟的。"

被动的人就像门口的垫子

被动的举动就是什么都不做,小心翼翼,管住自己的嘴。这就好像大门口的一块脚垫一样——让别人随意践踏。别人会为你做决定,告诉你该干什么,控制你的人生。

被动的人会:

- 不会为自己挺身而出
- 等待他人为自己做决定
- 就算自己知道正确的答案或者最好的措施,也一言不发
- 宁愿做任何事也不会求他人的帮助,或者问别人要自己想要的东西
- 撤退、往后站、不闹事

第六章 听好了！（自信）

> **体现被动的肢体语言**
> - 看上去很伤心、腼腆或害怕
> - 躲避眼神的交流
> - 耷拉着肩膀
> - 说话声音很细软、不平稳

被动的人总是受人欺负，"被别人践踏"，或者被别人遗忘。其他人总会占他们的便宜，因为他们很少为自己挺身而出。被动的人个人形象往往不太好，而且他们也不太自信。

被动地咄咄逼人的人做事过于"冷不防"

被动地咄咄逼人的人觉得自己很"善良"。但是，他们其实很生气，因为他们很少能有机会得到自己想要的东西。他们会：

- 不能向自己还有别人袒露自己的真实感受
- 将愤怒积攒起来，等待爆发的机会，计划报复行为
- 通过微妙的方式（他们"迟到了"或者"忘记了"）报复别人
- 让你自己琢磨到底发生了什么

> **被动地咄咄逼人的肢体语言**
>
> - 虽然微笑着,但笑容很假
> - 眼神会根据情绪发生变化(可能"睁大眼睛"表示出很无辜的样子,就好像在说:"谁?我?")
> - 言行不一

下面我来举一个例子。

玛丽安娜正准备度假去滑雪。香农很想去,但是又负担不起。

玛丽安娜说:"香农,既然你不跟我们去滑雪了,能麻烦你在我不在家的时候,帮我喂喂我的金鱼吗?"

香农说:"哦,好的……我想,应该可以吧。"

玛丽安娜说:"啊!那太好了!谢谢啦!"

玛丽安娜一星期以后回来了,发现她的金鱼都死掉了,因为香农"不小心"给它们吃的过多,把它们撑死了。

一般来说,人们会表现得咄咄逼人、被动或者被动地咄咄逼人,因为他们害怕或者不知道该如何坦诚地说出自己的真实想法。当然,我们不能严格地把每个人都划分到这三种类型里去。但是,一旦你发现自己变得像个"蒸汽压路机"、"门口的垫子"或者总是"冷不丁"地惊吓到别人,你就要学会坦诚地面对自己了。做到了这点,你离坚定自信也就不远了。

第六章 听好了！（自信）

你可以学会坚定自信……

你不用天生就这样。你可以通过下面的这些步骤学会坚定自信：

- 学会喜欢你自己
- 学会了解并维护自己的权益
- 学会负责任
- 学会索要你想要的东西
- 学会在不内疚的情况下说"不"
- 学会处理好压力和焦虑的情绪（即：学会放松）
- 学会使用你的个人力量
- 学会用积极的方式应对别人的评语（有些人害怕坚定自信，因为他们害怕舆论。如果你只学会倾听有用的评论，你就无须感到自己受到了欺负。你可以通过别人的评论而成长！）
- 学会轻松地赞美别人并接受别人的赞美（别否认赞美之词，或者觉得你有必要向别人返还赞美之词——你可以微笑地接受，并说"谢谢"。）
- 学会坦诚地表示出自己的愤怒之情，但是不要以咄咄逼人的方式表达出来。不要伤害别人（以及学会不让别人表达出对你的愤怒之情）

- 避免被别人控制
- 拥有友情和爱情

坚定自信地倾听

坚定自信的交流也意味着学会倾听。如果你不给对方说话的机会，那你就不是在交流——你那是在发表演讲！坚定自信的倾听就是：

- 通过不打断别人讲话、全神贯注地听，表示出你对对方的尊重
- 进行正常的眼神交流，努力明白对方说的话
- 只有在认真考虑所有的信息以后，才能做出反应

毕竟，如果你不认真听别人说话，别人凭什么认真听你说话呢？

> **如果你想学会如何坚定自信地倾听别人说话，下面的小贴士会对你有帮助：**
>
> 角色模仿可以帮助你习惯坚定自信——这是练习学会坚定自信的好办法。
> - 写一个剧本，里面有你要说的话以及别人可能会给出的反应
> - 找一面镜子、一个朋友或者一架摄像机练习一下，直到你能够如你所愿地说话做事

第六章 听好了！（自信）

- 找个朋友帮助你一下。他/她可以跟你对念台词，扮演你自己，让你知道自己看上去、听起来是什么样子的
- 向你的朋友征求意见
- 轮流扮演你们的角色

直言不讳与小心谨慎

如果你想学会坚定自信，那么很重要的一点就是你要知道自己什么时候该坚定自信，以及什么时候该离开。我们以前常说："为自己挺身而出！""别怕直言不讳！""别让别人欺负你！"以前这么做可能很安全。现在，你需要先考虑一下目前的情况：你在应对谁？这个人很危险吗？或者当前的情况很危险？相信自己的感觉。如果你真的很为自己的安全担心，那就快跑！不要为了能够表现得坚定自信，让自己陷入不必要的危险中去。如果有人拿枪指着你，向你索要钱财——那就给他吧！这种情况下，坚定自信的表现就是不要对这个危险的人有什么就说什么。这时候你需要保持冷静，并尽快报警！通常来说，选择躲避危险才是坚定自信的举动——因为安全第一。

善意地挺身而出

坚定自信意味着友善恭敬地对待他人。这也意味着,你要为自己的权利挺身而出,同时还要尊重他人的权利。你可以在不侵犯别人利益的情况下,实现你的目标。

坚定自信不代表你可以随便地评判他人。它的意思是,你要做你自己,也让别人做他们自己。你只能为你自己负责任。只有你能使自己的人生变得美好、多产、有意义。

一开始,为维护自己的权利挺身而出不是一件容易做到的事情。但是,每当你尝试着这么做的时候,它会变得越来越令人激动。同时,你会越来越喜欢自己。你可以并且确实有权掌握自己的人生。条条大路通罗马,事情永远都是这样的。

> **那就是我需要的!**
>
> 你不会一夜之间就学会坚定自信,因为这是一个循序渐进的过程。你可以一开始尝试一些小事情,然后逐步增加难度。如果你每次都能做一些锻炼自己坚定自信的事情,你会感到越来越棒。当你开始索取你想要的东西时,你会惊讶地发现:人们喜欢给你想要的东西。当你变得越来越坚定自信的时候,你会尊重自己,别人也会尊重你。你就更容易做到诚实待人。你也会越来越喜欢自己。

第六章 听好了!(自信)

练习:
- 向别人索取你想要的东西
- 说"不"
- 说话清楚、坦诚

第七章　当你发怒的时候

（处理怒气）

你生气的时候会做什么？砸枕头？冲你的弟弟或妹妹大吼大嚷？使劲摔门，然后把苹果音乐播放器（iPod）的音量调到最大？你会告诉别人你生气了吗？还是通过自己的肢体语言（握紧的拳头、跺脚）表达出自己的愤怒之情？或者，你可能根本就不表现出来。有些人从小就被灌输，表现出愤怒是不对的——你应该忍着，因为生别人的气是不对的。很不幸的是，即使愤怒之情被忍住了，它还是会以其他的方式显现出来——比如，肚子疼、头疼、失眠。这并不是说，你需要将愤怒之情表达出来，好让自己解气——你不是气球。也不是说，如果你不放气，它就爆了。事实上，将怒火发出来，只会让你更加愤怒！因此，砸枕头可不是最好的解决办法——特别是当你把枕头想象成某个人的时候——你可能会更加使劲地砸它。

你该如何处理自己的愤怒之情呢？最好的办法就是在怒气

积攒到越来越大之前，就将它**控制住**。如果实在来不及了，你就需要为产生的问题找到**一个解决办法**——此处所指的问题是任何让你感到愤怒的人或事。

> **从发怒到不厚道（作者：梅利莎）**
>
> 我上初中和高中时候，有一个最好的朋友。她对我一直很忠诚——她忍受我的小脾气；当我有需要的时候，她总会伸出援助之手；无论发生什么，她都会站在我这一边。但是，有一天我非常生她的气，以至于我都不愿意跟她说话了。那天，我对除了她以外的每个人都格外地好。这样，她就知道了我是在生她一个人的气。最终，在那天最后一节课，也就是体育课上，她突然哭起来，并冲我喊道："我讨厌你这样！我宁愿你冲我嚷嚷，赶快消消气，也不愿看到你不跟我说话！你都没给我一个道歉的机会！"我都忘了那天为什么跟她怄气了。但是，我觉得自己永远无法忘记她当时脸上的表情。我伤害了一个真心待我的朋友，我为此感到非常糟糕。如果我马上坦率地面对她，告诉她我的感受，这样事情对我们俩来说都会好办得多。

掌握主动权

比方说，有人不小心踩了一脚你的论文，这是你忙了好几个小时写的家庭作业。你的老师有洁癖，她在看到这样的作业

第七章 当你发怒的时候（处理怒气）

以后会很不高兴。为此，你是不是很生气？你有多生气？当你觉得自己心里的怒火"腾！"地一下就起来了时，你问问自己："这有必要吗？这事儿值得我这么心烦意乱吗？半个月以后，我还会为这事儿耿耿于怀吗？两天以后呢？两个小时以后呢？"

及时制止住心里刚窜起来的怒火，比你真生气以后再冷静下来，要容易得多。你可以通过下面的几个方法，帮助自己消消气：

- **停下来，"评估"一下你生气的程度。** 当然，有些事情值得你心烦意乱。如果有人偷了你的自行车，你很可能会非常生气（可能也很伤心）。这很糟，对不？因此，咱们来给"心烦意乱"定一个深浅程度。评判等级是从1到10。偷自行车这种事，一般会是6或者7等。毕竟，比这更糟糕的事情都会发生。你家可能会遭到洗劫，你所有的个人财产都会不翼而飞，这就更糟了。你怎么评估这种事呢？选第8等？那如果有人酒后驾车撞死了你关心的人，你该怎么办？这算最糟糕的情况了吧，估计你会给个第10等。因此，让咱们后退一步说，这个人踩了你的论文，这件事真的很严重吗？你现在会如何评判这件事呢？

- **通过换位思考，站在他人的角度考虑问题，帮助自己消除怒火。** 我们都有一早起来就万事都不顺的情况：你起床起晚了；找不到你想穿的衣服；有人把你的早餐吃光了；你忘了今天得交数学作业了，而且你还没做完；你妈妈冲你大声喊叫等。那么，你现在真得晚点了。你跑出家门，在人行道上跟邻居撞了个满怀。你的邻居会有多生气呢？他了解你早上过得多糟糕吗？还是说，他会觉得你是个毛手毛脚的小孩子，会扫倒所有挡了你的路的人呢？他可以选择生气，或者不让此事烦到他。如果你是他，你会怎么做呢？

- **试着放过别人**。有个女人把车停在了你面前，她是真的不在乎是否会撞到你还有你的自行车？还是说，她刚刚得知自己的朋友进医院了，所以她急得都感到眼前模糊了？你爸爸摔了门，是因为他想让你更加头疼呢？还是说，他刚才踩到了邻居家的狗留在你家门廊上的便便呢？

- **运用自己的想象力**。有人在你面前插队，你就想可能因为昨晚外星人绑架了他，然后把他的大脑变成了一团意大利面条。

- **从当时的情况中，发现搞笑之处**。有一次，梅利莎在开车的时候，对在她前面的车感到很生气。那人似乎对自己身边那条闹来闹去的狗更为关注，而不是路上的其他车辆。她后来说道："于是，我就跟爸爸妈妈开玩笑道：'他应该让自己的狗开车——那条吉娃娃会比他开得好！'我们一想到那条迷你狗试图开车的情形，就笑个不停。后来我发现自己的怒火已经消了。"开怀大笑是治疗坏情绪的良药。

第七章 当你发怒的时候（处理怒气）

如果你在遇到糟糕情况的时候，能够做到泰然自若，那你就不会没完没了地生气了。这样，你就不会让那种糟糕的情况影响到你。

找到解决方法

当然，有时候你会很生气。你需要妥善地处理好自己的怒气。这不是一件容易做的事。下面，我向你们提供一些有帮助的指导方针。你可以通过运用它们，控制好你的怒气：

- **关注一下究竟什么事情会烦到你**。如果你能察觉到自己的情绪并找到解决方法，你可以看看自己能否避免让这种愤怒的情绪爆发。比如，如果你在学校食堂里排队时，对别人推推搡搡的行为感到很不高兴，那你可以选择尽量少在那里吃午饭（早一点儿起，自己准备好午饭）。或者找学校的人谈谈，看他们是不是能帮着维持一下秩序。你最好能调整一下自己的心态："我知道有人会在排队的时候推推搡搡。那我得深呼吸，然后努力保持冷静放松的心态。"

- **了解一下你的身体在愤怒的情况下，会有什么样的反应**。你在生气的时候，能察觉出身体发生的变化。你可以学会控制自己的反应。你可以想象一下你最生气的那次。（这个办法不能次次用，因为这会让你想起那次发生的事情还有你当时的愤怒之情,这就让你更生气了。你现在这么做,只是为了做这个练习。)你在脑海中想象一下当时的场景,然后关注一下你身体的反应。你的心跳是不是加速了?你的脸是不是变得滚烫了?你是不是咬牙切齿了?你是不是肌肉紧绷了?这些信号都可以帮助你意识到自己生气了。这样,你可以使用"掌握主动权"这一方法来处理当时的状况。

- **学会在自己生气的时候,放松下来**。现在,使劲儿收紧你身上的每一寸肌肉!保持这个状态,并从1数到10。转转头,并进行几次深呼吸。(关于如何放松的问题,请参见第五章《"你快乐吗?"》。)你可以回忆一下自己特别开心的某一个时刻,然后放开那些愤怒情绪。

- **坚定自信地表示出自己的愤怒之情**。当然,有些时候只要你坚定自信地(而不是以咄咄逼人的方式)表示出自己的愤怒之情,还是可以的。如果你觉得直言不讳可以改变当时的局面,那你就放手去做。请记住我们在第六章《听好了!》中谈论过的关于如何做到坚定自信的方法。然后,使用以"我"为主语的陈述语句,诚实地发表你的看法,并尽量保持放松状态(你可以一开始站在镜子面前或者找个朋友练习一下。留心你的措辞、肢体语言以及语调)。比如,你可以说:

第七章　当你发怒的时候（处理怒气）

"柯尔丝滕，你跟亚历克斯约会，我真的很生气。他是我的前男友。我觉得自己不能再信任你了。我觉得现在自己没办法再看到你，所以我要换个学习小组。我希望你能理解。"

- **想一想，究竟是什么事情让你这么生气**。我们之所以会生气，是因为自己的需求没有得到满足。意识到这点，会对你有所帮助。当我们确定自己的需求得到满足以后，我们就无需生气或者郁闷了。有时候，如果你能明白自己为什么会有各种不好的情绪（饥饿、疲倦、寂寞、沮丧），这可以帮助你控制好自己的情绪。

他人的愤怒之情

应付你自己的愤怒之情，已经够难了；应付别人的愤怒之情，就更难了。然而，同样的技巧既适用于你，也适用于别人——诚实和直接。努力保持冷静、放松。尽量不要咄咄逼人（不管是你，还是别人！）。虽然你无法控制别人的感受，但是你可以尽量控制住自己的反应，不把事情搞得更糟糕。你大可选择走开。通常来说，这么做就不会"火上浇油"了。

愤怒之情通常伴随着暴力行为的发生，特别是当人们情绪失控的时候。当我们这本《少年维特可以没烦恼》的第一版出版的时候，青少年暴力还没有像现在这么肆虐，比如阿肯色州的琼斯伯勒，科罗拉多州的哥伦拜恩，弗吉尼亚州的罗阿诺克等。当然，我们以前很容易看到暴力事件的发生——像现在一样，以前的电视里也经常出现暴力镜头。但是，我们还没有亲身经历过。它发生在大街上、别的国家或者附近地区。对我们大部分人来说，它只发生在外面的某个地方。

现在，暴力却无处不在——视频录像里、便利店里、快餐店里、电台里播放的音乐中……还有学校里。不仅城区的学校里有这种现象，小镇上还有农村的学校里也会发生这种事情。它让人无法预料，而且发生得很突然，程度很吓人。因此，我们很多人都不去想它——或者，我们努力不去想它。因为，这会让我们感到不舒服。但是，暴力会在你不注意的时候就发生了。

因此，我们会谈论它，并试图教给大家各种方法以避免它的发生。但是，我们唯一知道的是，我们不清楚它会在什么时间、什么地点发生。这就意味着，我们要对此有所准备。因为不管在任何情况下，如果你能放松下来进行正常思考，你很可能会找到躲避危险的方法。

躲避暴力行为的最佳方法就是躲开它。美国的各种安全计划告诉了我们应该：

- 躲开那些你觉得有危险的状况。（地点或者人）
- 远离刀子等危险物品。如果你的朋友有这些物品，你要马上离开他，或者让他把这些东西收起来。（参见最后一项）

第七章 当你发怒的时候（处理怒气）

- 快速走路，保持自信。
- 躲开各种团伙。
- 不要向陌生人透露你的电话号码或者家庭住址。
- 随时保持骄傲的姿态，别让自己看上去像个受气包。
- 不要单独一个人去偏僻的地方。
- 如果你觉得自己被跟踪了，那就去最近的一家商店或者熟人的家里。
- 如果有人袭击你，你就大喊："开火！"大声呼救能吓跑坏人。
- 当你返回停车场取车的时候，先检查车内还有车底下有没有人，然后再进去。
- 当你开夜车的时候，要记得关好门和窗户并上锁。
- 当你开车的时候，如果你发现自己被跟踪了，那你就开车去离你最近的警察局。千万别回家。
- 如果你在天黑之后需要出家门，那就尽量找个你信任的人跟你同行。将你的行踪告诉成年人。
- 如果你知道有人在琢磨暴力的事（对他们自己或者别人），找个人帮助你。

我们无法次次都躲开暴力事件。但是，如果你保持警觉，相信你的直觉（比如你后背上竖起的汗毛），那你实际上就是在努力维护自己的人身安全了。自我感觉很好的部分结果就是，你对自己很有自信，知道自己会做出明智之举。你也知道自己可以处理好或者躲开危险的状况。

应对愤怒情绪的方法

我们所有人都无法时刻控制好自己的情绪。愤怒当然也是一种强大的感觉。下面我要向你介绍一些小贴士。记住它们,因为它们能帮助你有效地处理好自己的愤怒情绪:

- **控制好你的愤怒情绪**。你可以在自己爆发前就制止住这种情绪,不让它进一步发展下去。你可以好好地运用一下我们在本章中讨论过的各种小贴士:评估你的愤怒程度;站在别人的角度看问题;放过别人;运用自己的想象力;从当时的情况中,发现搞笑之处。
- **找到问题的解决办法**。你可以关注一下究竟什么事情烦到了你。了解自己在生气的时候身体会有什么变化,然后学会放松或者坚定自信地表达出自己的看法。
- **愤怒会导致暴力行为的发生**。躲避暴力事件的最佳方法就是:尽量避开那些会发生暴力事件的情况。如果这么做失败了,你就要相信自己的直觉,让自己表现得自信一些,然后尽量放松下来,让自己能够正常思考。

本章中的一些信息来自《你是对的:在生活和人际关系中释放你的自信心并受到同等待遇》(*Your Perfect Right: Assertiveness and Equality in Your Life and Relationships*),作者:罗伯特·E. 艾伯蒂(Robert E. Alberti)和迈克尔·L. 埃蒙斯(Michael L. Emmons),© 2008。Impact 出版社,加利福尼亚州阿塔斯卡德罗。

第八章　做出请求

（提要求）

你还记不记得，小时候你去别人家玩儿的时候，站在一个糖罐儿面前盯着里面的糖看？你妈妈告诉你不要跟人家要任何东西吃。如果你饿了，你可以吸自己的大拇指，但是你就是不能管别人要东西吃。

当你的父母成功地把你塑造成一个乖孩子以后，他们可以放心地带你出去见他们的朋友。这时候，你就开始与外界进行正常接触了。但是，你现在需要忘掉以前学会的一些东西，以便让自己变得坚定自信。比如，你可以向别人索要你想要的东西。你无须为此感到自责。

好消息

你可以向任何人要求任何东西。任何2岁以上的人，都可以对你说"不"！有些人虽然不会直接拒绝你，但是他们一般不会做任何威胁到他们的安全、道德底线或信仰的事情。他们会找到其他办法来躲避这种事。在你认识的人里，有多少人会从一幢高楼上跳下去，就因为你让他们这么做？你可以肯定的是，任何头脑清楚、不受药物控制的正常人都能照顾好自己。

如果你很直接地问别人，你就给了他们一个诚实回答你的机会。比如，你想邀请一个你不太熟却长得很漂亮的女孩子或者很帅气的男孩子，参加一个派对。你可以说："罗莎，我想邀请你周六跟我一起去凯拉的派对。但是，我不太清楚你喜不喜欢去人很多的派对，我也不太确定会不会有人在派对上喝酒。你还想去吗？如果你不愿意的话，我很理解。要不咱们去看电影？"

你这么做其实是在告诉罗莎，你考虑到她的价值观了，你把决策权交给她了。她会因为你考虑到她的感受而对你非常感激的。

向别人索要你想要的东西

当你向别人索取某个东西的时候会发生什么呢？你有没有觉得，如果你提出要求，别人会觉得他们必须要满足你的要求？你害怕遭到拒绝吗？你心里的哪些想法妨碍了你向别人提出要求呢？将上述这些问题的答案写下来。这么做可以帮助你对问题的答案加深印象。

下面，我就罗列一些想法。它们往往会妨碍我们向他人索

第八章 做出请求（提要求）

取我们想要的东西。

"他们会因此不再喜欢我了。"

"如果我向他要这个东西的话，他就不再爱我了。"

"如果我问的话，她会觉得我太贪心了。"

"这么问是不礼貌的。"

"有礼貌的人是不会问这些问题的。"

"他们理应知道我想要什么。"

"这么问就显得我太爱出风头了。"

"经常向别人提要求的人，都是父母溺爱的产物。"

仔细阅读上面的每一项。上述这些理由有没有妨碍你向他人索取你想要的东西？这些想法现实吗？还是说，你这是在自己吓唬自己？如果你真的让你的爸爸拥抱你，你觉得他真的会晕倒吗？他真的会觉得你娘娘腔吗？如果你让朋友帮你做数学作业，他/她真的会因此讨厌你吗？他/她真的会就此认为你很傻吗？

这些想法吓唬住了你。它们妨碍你向别人要求你想要的东西。如果你意识到这些想法的本质，这就可以帮助你不再受它们的控制。

你的朋友们不是你肚子里的蛔虫！

"我不用问。如果我耐心等待，他们会把这个东西给我的。""如果他们爱我，他们就应该知道我想要什么。""也许有人会注意到我都快渴死了。""我希望他们也给我一点儿这东西。""为什么他们总是那么走运,而我却得不到我想要的东西?"

你无法确定别人是不是知道你想要什么,除非你自己去问他们!

练习向别人提出要求

如果你事先练习一下如何向别人提出要求的话,当你真这么做的时候,事情会变得容易得多。下面这些句子可以帮助你练习一下:
- 请不要再敲我的椅子了。
- 麻烦您安静一些,我在学习。
- 能麻烦您掐掉烟吗?在电梯里吸烟是违法的。
- 当你很晚了才来接我的时候,我很心烦意乱。能麻烦你以后准时接我吗?
- 你的音乐声吵到我了,麻烦你把声音关小。
- 我很喜欢你。但是,当你强迫我跟你过分亲昵的时候,我想知道你是不是真的关心我。你能不能不要再谈论这个话题了?
- 我感到很孤单。你愿意下课后来我家跟我玩儿吗?
- 你愿意周六的时候跟我去看电影吗?
- 你愿意明天跟我一起复习准备考试吗?
- 你想来我家,跟我一起打篮球吗?
- 爸爸,咱们这周末能一起去钓鱼吗?
- 妈妈,您能教教我怎么做我最爱吃的派吗?

第八章　做出请求（提要求）

- 咱们明年夏天一起去露营，如何？
- 咱们能在我过生日的时候，开个派对吗？
- 我真的很想去×××上学。但是我会离你很远，你介意吗？

得到你想要的东西

当你向别人索要你想要的东西时，你就实现自己的目标了。你不用假装自己无比强大，能自己满足自己的所有需求。人类是彼此需要的生物。你有人类的各种需求，这是可以理解的。你不必让自己做到十全十美。没有人是十全十美的！

向别人索取你的所需。如果你没有掌握这个技巧，生活对你来说就是一连串的失望。如果你没有学会向别人索取你想要的东西，那你要想建立起良好的人际关系，这几乎是不可能的。

- 你可以向别人索取你想要的东西，而无需感到自责。别人也完全有权对你说"不"！
- 你的那些不切实际的想法会吓得你不敢去要你想要的东西。不要让这些想法拖你的后腿！
- 你无法确定人们到底知不知道你想要什么，除非你自己去问他们。
- 练习一下如何向他人索取你想要的东西。你多尝试几次，事情就会变得容易得多！

第九章 "学会说'不'"

（拒绝的技巧）

晚上8点是2岁的小汤米上床睡觉的时间。妈妈对他说："宝宝，把积木收好吧。该上床睡觉啦。"汤米尖叫道："不！"结果就是，妈妈狠狠地揍了他的屁股，并把他扭送回自己的屋子。妈妈告诉他："你少跟我说'不'，年轻人！我让你做什么，你就得做什么！"

后来，汤米13岁了。这个时期，他的爸爸妈妈突然开始追着他，警告他不要碰性、毒品、香烟以及那些他们不赞成的行为。汤米从小到大都很懂礼貌，一直按照父母告诫他的去做。但是，却没有人教过他如何向学校里漂亮、受欢迎的阿莉莎说"不"。当她跟汤米说："你真有趣！我猜你爽起来的时候，一定有趣极了。来吧，咱们去吸烟吧。我这里有很好的货！"汤米不知道该如何拒绝她。

阿莉莎的邀请在汤米看来是很诱人的。原因如下：

- 阿莉莎很漂亮，汤米愿意跟她待在一起。
- 如果不去的话，他的朋友们都会觉得他疯了（"你看她——她真漂亮！你疯了吧，哥们儿！"）。
- 他自己也想变得更受欢迎一些，阿莉莎可以帮助他实现这个愿望。
- 她在赞美他——这就使得他更不好拒绝她了。

汤米本来是不吸烟的，他也不想开始吸烟。他说："吸烟会让我变得傻乎乎的。但是，如果你觉得我很有趣，你应该看看我吃匹萨的样子。如果你愿意跟我去吃匹萨，我来请客。"

汤米很幸运，因为他有很强的幽默感。这可以帮助他用一个玩笑，就帮自己脱离险境。他还向对方提出了一个更有趣的想法，这样他依旧可以跟阿莉莎约会（即，如果他决定跟对方约会，并能舒舒服服地跟一个不良少女约会）。

说"不"

有些人觉得，如果他们说"不"，地球就不转了。每个人都会因此死掉。摩天大楼都会因此变成一片废墟。很多想法都会使我们不敢对别人说"不"。比如，"如果我说'不'的话，大家都会讨厌我。他们都会离开我。没人会喜欢我。我很自私。我交不到什么朋友。我会伤害他的感情。大家会觉得我很粗野。对别人说'不'是不对的。大家会觉得我很卑鄙。"

第九章 "学会说'不'"（拒绝的技巧）

说"不"会导致"灾难性"的想法——比如各种错误的想法：如果你对大家说"不"，你会以一些可怕、致命的方式伤害到他们。（"如果我拒绝了杰里米，他再也不会找别的女孩子约会了——他肯定会变得很郁闷，没准他会因此进精神病院。"）你害怕自己会让别人心烦意乱，"永久性地"伤害到他们，或者毁了他们的人生。

你应该仔细地想一想：如果你拒绝了别人，以上的各种情况其实都不会发生。别人对你的拒绝没有那么地在乎！你可以想象一下，假如有人问你能不能穿穿你新买的夹克，你对她说了"不"。她会说："哦！"就算对方问你为什么，你都可以老老实实地告诉她，你决定不借给她穿。你无需向她道歉或者找各种借口。问题解决了。

假如你问一个朋友，他是否可以载你去看橄榄球赛，他说："抱歉，车里已经满员了。"你是哭了、晕倒、感到受到侮辱还是非常放在心上了？你是不是觉得他不喜欢你了？事实是，车里确实坐满了人了。事情就是这样。

但是，这并不意味着拒绝别人总是一件很容易做到的事。有时候，它也会很难——特别是当你很在乎对方的时候。拒绝别人不是那么容易的。但是，坚定自信的态度却可以帮助你。

下面，我来向你介绍几个坚定自信地拒绝别人的方法，让你在拒绝别人的时候，显得不那么粗野。比如，你可以说："我很想和你一起做这个项目，但是我已经答应和别人做了。下次咱们一起，如何？""我不能帮你割草，因为我手头的这个工作还没干完。不过，等我忙完，我一定可以帮你。""我现在真的没有时间帮你做那件事，我得先把手头这件事忙完。你能找别人帮忙吗？"

如果你把拒绝别人当作是小菜一碟的事情，并且在拒绝别人的时候能够保持放松的状态，那么对方也不会非得要你答应他／她。在派对上，如果有人递给你一瓶啤酒，你可以把酒递给旁边的人，或者冷静地说"不用，谢谢"。

在本章开头的例子里，汤米运用自己的幽默细胞，向女孩子提出了一个更好的建议，成功地躲开了他不愿做的事情。这两种方法都可以作为坚定自信、直言不讳的替代品。但是，如果讲笑话都不起作用的话，你可以试试下面的这个方法：

- **找借口**。"不了，我等下要开车。"或者，"我一喝酒，就呕吐不止。"（但是，你一定要显得很真实，因为谎言有时候会被戳穿。）
- **躲开它**。"嗨，克里斯，咱们翘一节课吧！""遭了！要迟到了，咱们赶紧！"（这个方法只是暂时管用，但是短时间内还是很好用的。）
- **夸张**。"你没开玩笑吧？！我真没想到你会说这样的话！那东西会杀死你所有的脑细胞的。"
- **转移话题**。"稍等——我一定得告诉你刚才卡洛斯跟我说的话。"

第九章 "学会说'不'"（拒绝的技巧）

不同的情况，要求你用不同的方法应对。但是，如果你使用上述方法之一，或者将上述几个方法结合起来运用，你便可以很轻松地就脱离险境。

"糟了，麻烦来了！"

躲开糟糕状况的最好方法是什么？睁大你的眼睛，竖起你的耳朵，开始做一些事先的准备——"这里很有可能会发生什么事情？我想让自己牵涉进去吗？这个事情真的值得我去冒这个险吗？"

- 如果大家在派对上变得疯狂起来，你大可以早早离开。
- 如果你的朋友们想去汉堡店吃东西，但是你15分钟后就得赶回家，你有这个时间跟他们吃东西吗？你能事先给家里打个电话，说你要晚一点回家，然后挤出时间跟他们吃东西去吗？
- 如果你本来和朋友随便聊着，但是谈话内容慢慢就演变成谈论别人的八卦，你大可以走开，换个话题，或者直截了当跟对方说："詹娜是我的朋友，我真的希望你不要再说她的坏话了。"

我们的宗旨就是，你需要在坏事情发生之前有所察觉。如果没有人向你要求什么事，你就不用再说"不"了。

来自同龄人的压力

很多青少年朋友都觉得,要想受欢迎、交到朋友,他们就得从众。你知道这就是所谓的"来自同龄人的压力"。当你真心想成为集体中的一员时,这种压力会很大。你很想像朋友们那样穿衣、说话、做事。就算他们做的事情让你感到很不舒服——比如吸烟——如果你从众的话,你就很容易被别人接受。但是,这样你就会养成一些很不好的习惯。你以后会为此感到很后悔。尽管有时候一些事情表面上看是一个样子,但是事实是,不是每个人都在这样做。你永远都可以选择跟那些与你有共同想法的人在一起。

生理压力

现在的年轻人比以前的人更早地涉足性生活。很多人都是因为忍受不了来自同龄人的压力,才选择这样做的。这是压倒性的。有些年轻人为了感受到组织的温暖或者为了被社会接受,早在11、12、13岁就涉猎了性。

当人们不会或者不去说"不"的时候,他们有时候会选择有害的方式来躲避不好的事情。有些年轻姑娘们会通过减肥来控制自己的欲望,即神经性厌食。她们觉得自己一旦看起来瘦

第九章 "学会说'不'"（拒绝的技巧）

骨嶙峋了，男人的目光就不会落向她们，这样她们就安全了。她们为此付出的代价就是：自己的身体受到了伤害。有时候，她们甚至会死于营养不良。年轻人还会选择另外一种方式来避免性行为的发生。那就是，他们会努力让自己变胖，这样他们对异性就不会有什么吸引力了。当然，他们不是有意识地去选择这种方式来躲避性行为的发生——他们害怕直接应对这个问题。

"合潮流"

朱莉自6岁起就参加游泳比赛。她每天至少要练习一个小时。她要早起，然后每天去游泳池练习。这是一项孤独、艰难的任务。朱莉对游泳的兴趣使得她没有时间去做其他同龄人会做的事。后来，朱莉遇到了乔希。他们对彼此很有好感。乔希希望朱莉能多花些时间跟他在一起。他的朋友们有很多不良嗜好，而且还经常刷夜。朱莉知道，如果她跟这帮人在一起，她就不能实现自己成为迈克尔·菲尔普斯那样的游泳健将的梦想。吸烟对她的肺有害。喝酒会削弱她游泳的能力。她更无法晚上去刷夜，然后第二天早上5点再起床去练习游泳。

她该怎么办呢？她该怎么应对这个局面呢？

下面的方法告诉了我们该如何坚定自信地处理这个局面：

朱莉："我很喜欢你，我也喜欢跟你在一起。但是，游泳对我来说很重要。你知道我得去比赛，这样我才能有资格参加州决赛。"

> **乔希**："那你的意思就是……你不愿意再跟我约会了？"
>
> **朱莉**："不，不是那个意思……我确实很想和你约会，但是我也不想放弃自己游泳的梦想。"
>
> **乔希**："我没说要你放弃这个梦想。"
>
> **朱莉**："我知道。我的意思是，我晚上不能出去刷夜。一周七天，每天都不行。我也不能跟你那些抽烟的朋友在一起。这对我的肺很不好。"
>
> **乔希**："那你的意思是……？"
>
> **朱莉**："就是，我不能跟你一起去那些派对。但是，我还想跟你约会。我想，也许你可以偶尔在我练习完以后，能接我回家。"

年轻小伙子们的肩上也有压力，他们想要有"男子汉气质"。他们可能会等到自己再长大一些的时候再过性生活。但是，为了在朋友圈里能被大家接受，他们往往会觉得自己如果没有经历过，就要撒个谎说自己有这方面的经历了。这两种选择都有危害。

性欲望是你能采用的最深刻的方式，来向你自己和另外一个人表示关心。这是你们双方在身体上的亲密接触。它不是你能赠予、使对方屈服或者尝试着看看它是什么滋味儿的事情。它是一件需要你仔细思考，并做出决定的事情。

但是，如果你已经尝试了性，这并不意味着你就要继续下去。你可以收回自己对这方面表达的控制权。很多人决定自己

第九章 "学会说'不'"（拒绝的技巧）

只与男/女朋友发生亲密关系。没有了这个层面的意识，性的问题对他们来说就是卑微、令人不安的。

性传播疾病（STD）也是另外一个重要因素。你不想得艾滋病或者疱疹。在性接触中，关爱一直是很重要的。如果你决定过性生活，那么请你做好疾病预防工作以及避孕措施。很多社区都提供这种资源。青少年朋友们可以从类似"计划生育"（Planned Parenthood）这种项目中找到相关信息。（想获悉更多在线资源，请参见"网络资源"）。

你有权利掌握自己的行为。生理的萌动通常在很早期就开始了。很多青少年朋友还没来得及发展正确的性观点，也没来得及就他们想要的东西做出明智的决定。你应该花一些时间，为自己决定一下什么对你来说是重要的，然后再发生性关系也不迟。

如果你对性行为感到很害怕，你有权告诉自己："我完全可以现在不去尝试，直到我确定自己准备好了为止。""我不在乎别人想什么，或者做什么。有没有性行为对我来说很重要。我可以为自己做决定。""我可以对生理压力说'不'。我的身体是属于我自己的。"

当你给予自己这些权利，并能掌握自己的性行为时，你便将自己从来自同龄人的压力那里解放出来。最终，别人也会因为你能够为自己的信仰挺身而出，而尊重你。最重要的是，你尊重了你自己！

药物

很多青少年朋友都能很容易地就搞到药品。烟草、咖啡因以及嗜酒通常都被社会所接受。滥用药品的长期不良后果就是迷失人生的方向。每当你使用那些能改变情绪的药物时——甚至是香烟、咖啡因、酒精——这都会对你的身体有不好的影响。那些使用药物的人,哪怕仅仅一次,都在冒着养成奢靡习惯、染上传播性疾病(艾滋病或者肝炎)、被捕或者危害自己以及他人的风险。就连一些类似大麻的所谓"天然"药物,都会伤害到你的肺部以及全身的健康。不养成这些习惯比戒掉这些不良习惯要容易得多。一旦你上瘾了,你就等于把自己的人生交给药物来控制了。

很多年轻人的父母都嗜酒或者滥用药物。他们的生活就像噩梦一样充斥着不确定性,同时伴有情感上或身体上的虐待。很不幸地是,这些年轻人自己也很有可能去滥用药物。他们很容易就说出"哦,我的父母就滥用药物,我自己也是。他们嗜酒,我吸烟。这有什么大不了的?"这样的话。这种生活方式往往会一代代地延续下去。

发生在药物滥用者家中的离婚、事故、自杀、家庭暴力的概率是巨大的。2007 年,一份美国国家高速公路交通安全管理局(The National Highway Transportation Safety

第九章 "学会说'不'"（拒绝的技巧）

Administration）的报告显示了，全国范围内有13,000人被酒后驾车的司机撞死。这些司机的血液酒精浓度为0.8或者更高。每年由于药物滥用而造成的经济损失估算高达2,000亿美元（这个数据既包括了健康问题和犯罪带来的后果，也包括劳动单位生产力的损失）。今天的美国，毒瘾是造成死亡和苦难的元凶。这些悲剧的发生，幸福的丧失，爱的失去，劳动力的损失，都与药物滥用有直接的关系。

如果你或者你认识的人里有人愿意帮助别人摆脱药物的控制，或者愿意帮助那些用药上瘾的人，请你给嗜酒匿名互助会（Alcohol Anonymous）、父母嗜酒青少年互助会（Alateen）或者戒酒互助会（Al-Anon）打电话。你可以在电话本中找到他们的联系电话。在很多城市里，这些互助会每星期都会组织成百上千场见面会。

对真实的问题说"不"

你与朋友面对面坐着，然后练习对下面的问题说"不"：

"你能借给我5块钱，然后到周五我再把钱还给你吗？"

"我可以借你的车用用吗？"

"咱们明天翘课怎么样？"

"如果你爱我，你就得证明给我看。"

"就吸一口，你死不了。赶快吸一口吧。你怎么了？你害怕了？"

"你还留着它干什么用？我看你不是假正经，就是同性恋。"

"所有人都吸烟。你什么时候才能至少试一下呢?"

"来吧。你要是把头发染了,你会看上去很不错的。你难道不想变漂亮吗?我来帮你染吧。"

"你真应该试试看。很有意思的!你要是不尝试一下,你就永远不知道你错过了什么好东西。"

"你怎么了?你也太傲慢了吧。这没什么大不了的啊。来吧,别像个孩子一样。"

只要你多多说"不",拒绝别人也就不是一件难做的事情了。

拒绝别人,解放自己

当你能对别人说"不"的时候——不管你是对药品、性、别人要你帮的忙或者简单的请求说"不",你就自由了。你能控制自己的私人物品、自己的时间和自己的身体,并能为自己做决定。实现这点需要你不断地练习,你可以尝试一下下面的这个小活动,掌握所需的经验。

答案是"不"!

你跟一个朋友面对面坐着。你向他提出一些请求,比如让他帮你忙,载你去某个地方,借给你一些钱或者一些个人物品,让他把头发剪掉等。在三分钟内,你不断地向他提出同一个请求。你的

第九章 "学会说'不'"（拒绝的技巧）

朋友可以通过各种方式对你说"不"。你尝试着用不同的方法来说服他答应你。在接下来的三分钟内，你继续不断地请求他帮你这个忙。好好地练习这个小活动。你还可以给这个小活动加一些戏剧性的因素。你可以使用内疚、威胁还有操控等方式。三分钟后，你们两人互换角色。当你们每人都做了一遍这个练习以后，讨论一下活动体验。向别人提出要求，还有对别人说"不"，分别是什么感觉？哪一个更容易一些？什么原因使得另外一种做法更难一些？你是不是感到自己受到了威胁？你是不是以前对别人说过"不"，然后没有讲明任何拒绝的理由，或者给出任何解释？你觉得你的练习伙伴如何？

再试一遍。这次，每人每次花半分钟，就同样的内容进行练习。这次是不是容易一些了？你觉得自己能在现实生活中运用这个方法吗？假设一个情景，你想拒绝别人，但是却说不出口。你觉得自己这次能更好地应对了吗？

听起来可笑，但实际很奏效的方法！

与你的朋友，面对面站好。把你的双手放在对方的双手上，掌心对掌心。当你们其中一个人说"可以"，另外那个人说"不行"的时候，轻推双手。就好比这是一场拔河比赛。重复一分钟，然后换角色。这次，你来说"不行"，你的练习伙伴说"行"。与你的朋友分享你们彼此的练习感受，然后再同其他人练习一下这个活动，比如其他的朋友、你的哥哥或者妹妹。

"没"门儿！

当你知道自己想要什么，以及如何得到那个东西的时候，你就能很轻松地拒绝那些妨碍你实现目标的人和物了。这时候，你掌握着自己的身体、时间和个人物品。你能做出那些控制你人生的决定。

拒绝可以帮助我们赢得时间、空间和机会，做回我们自己，并发展我们的技能和本领：

- 地球不会因为你说了"不"就停止转动。如果你坚定自信、直言不讳，问题就能迎刃而解。如果你能够按照第96页上教授的内容去做，你就能轻松地做出恰当的反应。

- 你可以多留心周围事物，做到未雨绸缪，同时在事情发生之前就能明察秋毫。这么做可以帮助你躲避险境。对那些会使你陷入困境的人和事物说"不"，可以帮助你远离危险境地。

- 涉及不良嗜好的这些活动会给你带来来自同龄人的压力，你会为此感到很不舒服。特别是当你非常想融入集体的时候，你往往很难拒绝别人的类似邀请。如果你的朋友和你有相似的价值观和信仰，如果你允许自己掌控自己的身体，掌握做事情的决定权，事情会变得容易得多。

第十章 "行了,宝贝……你知道你想这么做!"

（避免被别人控制）

琳娜和科尔都是高中二年级的学生。他们约会有两个月了。一个周六的晚上,他们看完电影以后,返回琳娜家。路上,琳娜说:"科尔,你喜欢我吗?"

"这问题问得太傻了,你知道我是喜欢你的!"

"嗯,但是我是说你真的喜欢我吗?"

"我真的很喜欢你,琳娜。"

"我觉得我爱你,科尔。"

科尔笑着说:"谁?我吗?"

"嗯,"琳娜把头扭向一边。"我就是希望你也爱我。"

"你为什么觉得我不呢?"

"那你为什么不跟我发生关系呢?"

"琳娜,我只是想在自己决定做这件事之前,能肯定自己的决定而已。"

"如果你真爱我的话,你早就这么办了。"

多么经典的桥段!琳娜在竭尽全力操控科尔,让他去做他还不愿意做的事情——或者说他还没有准备好去做的事情。他说:"我很在乎你,所以我才不愿意咱俩仓促地就发生这种关系——如果咱们决定做这件事,我希望它对咱俩来说都是很特别的。我希望咱们俩都能准备好,但是我现在还没有准备好。"科尔诚恳的回答没有给琳娜留出进一步操控他的空间。

操控就是间接地要求别人做你想要做的事情。当你问的时候,别人有说"不"的机会。但是,当你在操控别人的时候,很少有人能躲开你问的问题。(琳娜没有说:"科尔,我想跟你发生关系。"她说的是:"如果你真的爱我,你早就这么办了。")

我们都知道如何去操控别人。当我们还是小婴儿的时候,我们通过操控别人来混饭吃。如果我们长得不可爱或者没那么逗人喜爱的话,我们可能会吃不饱,也没人给我们换尿布。我们学会了感知父母的情绪。如果爸爸在发脾气,我们会自动躲开。如果妈妈很高兴,我们想要什么东西的话,用手一指就可以了。

为什么一本讲自尊的书会拿出一整章来讨论操控问题呢?因为,无论你是操控者,还是被操控者,这种沟通方式都会伤害到我们的自尊。这并不是什么诚实的沟通方法。因此,你在使用这个手段的时候会感到很自责,并觉得自己不够诚实。当

第十章 "行了,宝贝……你知道你想这么做!"(避免被别人控制)

别人用这种方法对你的时候,你也会受到伤害,同时还会对那个人很失望。没有人是这场心理战的获胜方。

心理战

这场心理战需要两个人来进行。其中一个人想要某个东西,另外那个人需要某个东西。双方可能都没有意识到这场心理战已经拉开帷幕了。操控方察觉到你需要什么,然后通过非常间接的方式向你提供这个东西。由于你没有意识到这场心理战已经开始了,你往往会觉得自己很走运,能遇到这么一个对你感兴趣的"好"人。你感到受宠若惊。然后,你察觉到对方想要什么,并将这个东西给了他/她。这样,你们双方便有了一个不言而喻的约定。你可能会无意识地决定与对方互相交换服务。这些服务可以是:"我要赞美你,告诉你,你是一个多么出色的人(不管我心里是不是这么想的)。作为回报,你要做我的朋友,保护我不受街边那些小流氓的欺负。"为了回报别人向你提供的帮助而帮助他们,这本身并没有什么错:"你帮助我,我也会帮助你。"但是,真正意义上的"平等交换"和操控是不一样的。操控别人是通过不诚实的方式得到你想要的东西。这种方式会伤害到别人,因为它通常会利用自责、恐惧以及苛求来影响别人。操控通常指,有人试图从你那里得到某一个东西,而你恰恰又不想把这个东西给这个人,或者有人试图迫使你做你不愿意做的事情。

> ### 操控冠军——由酗酒者和瘾君子构成的家庭
>
> 　　家里有酗酒者和瘾君子的人往往会熟练地掌握操控技巧。他们通常会躲避真相并否认现实情况，大家会一起逃避正面应对这些人的问题。一个人会把装这些物品的瓶子藏起来。另一个人可能会将它倒掉一半，然后用其他无害的东西代替倒掉的部分。还有人会把车钥匙藏起来，或者给车胎放气，这样酗酒者就无法开车了。这种情况会长久地持续下去。没有人愿意站出来跟大家说说问题的所在。每个人都试图操控酗酒者/瘾君子，阻止他们的行为。他们觉得自己是在拯救他们。很不幸地是，酗酒者/瘾君子的孩子通常会在长大成人以后离开家。他们不是自己变成了这类人，就是嫁/娶了这类人——他们自始至终都在否认问题的存在。没有人是这场心理战的赢家。这种操控行为会继续延续到下一代的身上。
>
> 　　任何家里有酗酒者/瘾君子的人都可以选择向别人寻求帮助，因为家里所有的人都受到了这种负面影响。社会上也有成千上万的治疗中心、医院治疗项目以及辅导员，来专门帮助酗酒者、瘾君子以及他们的家人。如果家里有一个人在努力帮助酗酒者/瘾君子戒掉瘾，别人也决心这么去做的概率就提高了。(欲知更多资源，请参见103页。)

第十章 "行了,宝贝……你知道你想这么做!"(避免被别人控制)

常见的操控风格

人们会选择不同的操控风格。他们其实都是一种风格的变体,也就是操纵者会利用别人的同情心、自责或恐惧感。了解操控者惯用的伎俩,可以帮助你避免卷入不必要的纷争。下面我来向大家举几个例子,你们大概会觉得它们很眼熟:

受害者。这种人会把无力和被动当作他们的生活方式。"受害者"的肢体语言向大家传递了一个信号:"我来了。快过来揍我,踢我,伤害我吧。欢迎你随时来虐待我。"像门垫一样被动的人会操控别人来照顾他们,为他们解决问题,为他们感到难过,并给予他们过多的关注。这类人会给那些喜欢照顾别人的人一个感受自己强大、智慧、能力和同情心的机会。

抑郁者。抑郁者在运气的帮助下,往往能得到别人的帮助和拯救。他们选择放弃生活中美好的事物,将注意力集中到消极的事物上。抑郁的人往往只能看到坏的、丑陋的和不存在的事情,而看不到生活中已经存在的爱、美好的事物以及快乐。他们惯用的伎俩就是让别人为他们感到难过;他们就此得到的报酬是让别人来照顾他们。(其实,抑郁本就是一种能够治愈的疾病。具体信息请参见第五章。)

指责者。这种人总能指出自己不高兴的缘由。这可能会是由于天气原因而产生的各种自然灾难("这一定是'厄尔尼诺'搞的鬼！"），或者是别人的原因。"看看你都对我做了些什么"是他们最爱用的一句话。"这都怪你。""大家都对我这么不好。"他们操控的目的是，让别人为自己的生活负责任并对此做出补偿。他们惯用的伎俩就是让别人感到自责。他们就此得到的报酬是让自己不再内疚。

接通电话或按下电钮后不说话的人（the Button-Pusher）。"我要是发现了让你心烦的原因，然后用它对付你，你可就慌张了。"如果你对自己的体重很敏感，这种人往往会就你的体重加以评论，让你心烦意乱。这样，你就无法冷静思考了。比如，他们会说："嘿，瘦干狼，你敢尝试这个吗？"

疑病者。这类人选择生病来避免应对生活。与其他方式一样，这种操控风格会妨碍人们享受生活带来的乐趣、美和快乐。这是人们为了满足自己的需求所采用的一种令人不愉快的方法。他们惯用的伎俩以及由此得到的报酬与上述其他方法一样。但是，这种方法可能会给人带来更多身体上的痛苦。

自杀性方法。这种操控别人的方法会带来永久性的后果：一旦操控者将抑郁和责备他人结合起来，他们中一些人就会企图通过自杀来报复他人或者让活着的人感到自责，而剩下的那些人是打心底就不想继续活下去了。但是，如果有人感到很抑郁或者说起自杀这种事情，他们应该被送进精神病院或者交给职业理疗师。不要去冒失去爱人的危险。如果你知道有人有这种倾向，你需要告诉父母、信得过的老师或者辅导员——那些

第十章 "行了,宝贝……你知道你想这么做!"(避免被别人控制)

人需要有人马上为他们提供帮助。很多人在生活中都有抑郁到想自杀的时候。很多时候,如果他们能跟一名辅导员谈谈心,辅导员可以帮助他们克服困难并恢复正常,并继续过正常人的生活。

营救者。"我来拯救你,给你想要的东西,这样你就是我的了。我要通过展现自己勇敢的一面来赢得你的芳心。你是弱者,你需要我,让我好好照顾你吧。在我拯救了你以后,你会感到自己欠我的。"

殉道者。"我这么努力。没有我,你就无法进行下去。你会需要我的:我会替你做作业、给你做饭、干那些别人不愿意干的工作。我要打三份工。我要用我的爱,使你成为一个残废。这样,你就不能照顾自己了,你就永远不会离开我了。"

推销员。此类操控者就是要你说"行"。他一开始会问你一些问题,让你答应他:"你觉得我们应该养活那些受饥饿困扰的孩子,对吧?你觉得我们应该帮助他们,对吧?"他们会一直这样问下去,直到你习惯向他们说"行"为止。这时候,你几乎无法对他们说"不"。"你是愿意每周捐出几块钱的,不是吗?"

促成者。我们在新闻中常会看到,一些人胖得都已经无法下床走动了。他们每天要消耗数量惊人的食物。究竟是谁在给他们提供这些食物呢?就是那些促成者。这些人其实并没有什么恶意。他们会说:"我爱你。我希望你能节食。"但是,他们随后还是会继续照顾这些对食物上瘾的人，不断地给他们端食物过来。

童话故事中的角色

我们所有人都是听着童话故事长大的。我们大部分人都对这些故事烂熟于心。尽管这些故事已经很老旧了，但是它们的教育意义在今天仍旧可以帮助我们。

灰姑娘。灰姑娘就是一个典型的受害者及殉道者。在故事里，她被自己的教母拯救了。教母给了她所需要的东西（漂亮的裙子、水晶鞋、马车……）。这样，她才能参加舞会。在舞会上，她遇到了王子，他们一见钟情。既然罗曼蒂克能解决所有的问题，王子就拯救了灰姑娘。他们从此过上了幸福快乐的生活。

灰姑娘的伤心和无助，帮助她吸引来了那些能够救助她的人。她并没有采取坚定自信的态度。如果她表现出坚定自信，她会为自己找来漂亮的衣服，并自己想办法去参加舞会。

教育意义：如果你坐等王子或者公主来拯救你，那你还是算了吧！你需要拯救你自己！这世界上没有什么教母，也没有几个王子了。唯一能够让你得救的可行方法就是：自己营救自己！

小红帽。"冷不防"型。小红帽是一个可爱的孩子：她有一

第十章 "行了,宝贝……你知道你想这么做!"(避免被别人控制)

双大眼睛,而且表情很天真。在故事里,小红帽在森林里快乐地走着,胳膊上挎着妈妈为外婆准备的一篮子好吃的。小红帽看上去就像诱人、可口的食物,让人忍不住想咬上一口。大灰狼看到了这个温柔、天真、可口的小姑娘。它决定跟着她,骗骗她,然后把她吃掉。但是,小红帽内心的愤怒并没有显现出来。她在意识到大灰狼跟踪她以后,就想出来一个计谋。大灰狼最后被杀了。

教育意义:有时候,"温柔天真"的人会领着你穿过森林,让你最后死在外婆的家里。大灰狼虽然想设计陷害小红帽,可是他最终却被自己策划好的计谋打败了。最终,大灰狼死在了既被动又咄咄逼人的小红帽手里。

彼得·潘。"跟我一起飞吧!人生就是一场舞会。我永远都不会长大。跟我一起住在幻想世界里吧。我们可以喝酒、开怀大笑、唱歌跳舞而且永远不用考虑现实问题。我们永远都不会感受到痛苦,也不会哭。大街上的汽车会被撞毁,但是我们不在乎。也许我们可以找到一个愿意照顾我们的温迪。她会帮我们收拾烂摊子。让她去负责任吧。这样,我们就可以尽情地玩耍了。"

教育意义:如果你让烟、酒或者其他什么事物(或者什么人)操控住自己的话,你的人生就陷入了僵局。这样,你就永远也长不大。你应该学会如何照顾好自己。你早晚得这么做。

童话故事在我们的人生中都占据着一定的位置。我们大多数人都有自己最喜欢的故事。你最喜欢的那个故事与你的信仰和生活方式,有什么联系吗?

你怎么才能知道自己是不是被别人操控了?

与自己的身体保持联系,并倾听自己内心的想法。如果你多多留心,你的身体会告诉你有些事情不对劲了。你想呕吐,肚子钻心地疼或者头疼得厉害。你可能会感到很不舒服,或者察觉出自己被别人利用了。随着你对操控越来越敏感,你和你的身体会很轻易地识别出别人对你的操控。

当你受别人操控的时候,你在过别人的生活:去他们想去的地方,做他们想做的事情。你并没有遵循你自己的价值观、个人兴趣或者人生目标。这感觉并不好。

操控你的人是不是比你要聪明得多?难道你要让他/她掌握你的人生吗?当然不行!没人比你自己更清楚自己想要什么!这是你的人生——难道不应该是你自己掌握它吗?

应对操控的方法

一旦你了解自己,清楚自己的权利,你就能免受别人的操控。如果你愿意教这种人如何变诚实,你可以按照我的一些建议去做:

第十章 "行了,宝贝……你知道你想这么做!"(避免被别人控制)

- **问问操控你的人:"你想要什么?"** 一个成心要操控你的人在听了这句话以后,大概会很生气。她大概会走开,或者聪明地回答你:"没什么。"愿意学习的人会犹豫一下,然后跟你谈谈他/她的需求。这么做可能会让你挣扎一番。这可能会有悖于你以往的所有训练。但是,你要有耐心。

  我的一个朋友每次让我帮忙之前,都会对我大加赞赏一番。于是,每次他这么做时,我都会问他:"你这是在干吗?"他慢慢地了解到我希望别人诚恳地找我帮忙,而不是虚假地奉承我。于是,他改了。

你可以花一到两周的时间建立一个日志。它可以帮助你识别出别人都在什么时候操控过你,以及你在什么时候如何操控过别人。你会发现自己的薄弱环节,你会看到自己和别人的操控风格。

当你操控别人,或者被别人操控的时候,将当时的情景记录下来:你都和谁在一起,你想要什么以及当时发生了什么。

下面,我来举一个例子:

地点? 学校。

谁在操控谁? 马克操控了我。

发生了什么? 他管我借5块钱,我借给了他。

什么原因诱使我借钱给他? 他说他可以开车送我去上学,因为他需要钱给汽车加油。

> **这么做的后果是什么?** 也许我可以继续蹭他的车去上学。
>
> **我想要什么?** 我并不想把钱借给他。
>
> **我的感受是什么?** 我觉得自己被操控了。
>
> **我本可以怎么做?** 我本可以问他,他是不是想让我每天都花油钱,让他开车送我去上学。我本可以直接问他,他想从载我上学这个举动中得到什么。我本可以通过其他方式去上学。
>
> 回顾一下你的日志。看看人们都是如何利用你的需求来操控你的。你收集的这些信息可以帮助你了解你对别人的操控,以及别人对你的操控。

- **通过使用以"我……"开头的句子,诚实地进行交流。** 向操控者多问几个问题:"我们这是要去哪?什么时候去?我们怎么过去?"你可以明确表示自己觉得计划如何,以及你想要什么。

  比如,你妈妈的生日要到了。你的直觉告诉你,她想要一件很特别的礼物,因为她最近暗示过好几次了。你可以跟她说:"妈妈,我觉得您过生日大概想要一件特别的礼物吧。但是,我觉得很沮丧,因为我不清楚该送您什么特别的礼物比较好。您愿意告诉我您想要什么吗?这样,我就可以买了送您了。"

- **树立榜样。** 当你明确地表示出自己的需求和想要的东西时,你也帮助其他人学会了这么做。他们会习惯你

第十章 "行了,宝贝……你知道你想这么做!"(避免被别人控制)

的直截了当,而且很可能会很喜欢你的这种风格(你要小心,别让自己显得太咄咄逼人!)。由于你肩负起向别人索要自己想要的东西的重任,你会就此赢得大家的尊敬,他们也会以你为榜样!

"别把我当成个小孩子!"

操控来源于懦弱或者恐惧。只有那些不愿意或者不知道该如何对自己或者别人说老实话的人才会用这招。人们之所以会操控别人,是因为他们觉得自己无法向别人索要自己想要的东西,或者谈自己的需求。因为他们觉得没人在乎他们,没人会给他们这些东西。操控本来应该是一种很"礼貌"的行为。但是,这种方式剥夺了别人选择的权利,不让他们为自己负责任。这会令人非常沮丧——甚至对操控者本身来说也是如此:"我不断地暗示他邀请我去参加舞会,但是他就是领会不到我的意思!"

操控别人的人是在以卑劣的手段控制别人。他们和别人打这种心理战,而不愿冒险对别人说实话。因此,学会直言不讳,可以帮助操控者获得自尊。

操控者非常擅长猜透别人的心思。他们了解别人的所需,并会以不明显的方式满足他们的需求。这意味着一个人要具备令人难以置信的敏感性。想象一下如何运用这个本领去*帮助*别人吧!

我们都会以这样或那样的方式操控别人。要不要继续操控别人，这个选择权在你手里。每次冒险对别人实话实说以后，你能为自己赢得别人对你的尊敬。如果你决定放弃自己的角色，或者不再摆出"受害者"的姿态，你会发现自己学会了自尊自爱，你也会越来越喜欢自己。在公平竞争的前提下进行的心理战才是有意思的。靠打心理战得到你想要的东西，这种做法让你丧失自尊，也剥夺了别人选择的权利。诚实才是最佳方案。

来吧，宝贝。你知道自己想躲开别人的操控。现在，你终于知道该怎么办了！

别再玩儿这种操控别人的游戏了

- 识别出对方的操控风格。这样，他/她就无法用这个方法来对付你。别让操控者控制住你，将你卷入麻烦当中，或者像童话故事中讲得那样操控你。
- 注意自己身体的一些反应。这样，你就知道自己什么时候受到了别人的操控。这么做可以帮助你很好地躲开别人的操控。你是不是感到很恶心或者很紧张？操控者对你说了什么话，让你感到很心烦？
- 操控是一场需要两个人进行的心理战。如果你拒绝被对方操控，并提出希望双方之间进行坦诚的交流，那么对方就无法跟你"耍花招"！你可以说："告诉我，你到底想要什么？"坚定自信的沟通方式也许会启发别人哟！

第十一章　不去做决定，这本身就是一种决定

（选择和做决定）

我们每天都要做很多决定。小到穿什么去上学，大到考试时如何回答考卷上的问题。虽然我们不必费心去考虑大多数决定，但是有时候我们也希望身边能有人替我们做决定。大部分情况下是这样的。如果你无法为自己做决定的话，你就得不到自己想要的东西。因此，即使这是一个很难的决定，它还是值得你努力尝试的。

然而办法还是有的。下面我要向你介绍一些有用的步骤，你可以依照它们做决定。

- 问题是什么？（我需要做什么样的决定？）
- 我都有哪些选择？
- 将每个选项的优点罗列出来。
- 将每个选项的缺点罗列出来。

下面我们来讨论一个比较难做的决定：

少年维特可以没烦恼

布里塔妮知道,她的朋友考利的爸爸爱喝酒,而且喝多了就会撒酒疯。每次他撒完酒疯,考利第二天就顶着熊猫眼而且浑身上下都是伤的来学校了。考利很爱自己的爸爸,所以她告诉老师们自己绊了一下,摔跤了。她有时候会说自己从马背上摔了下来。但是,她告诉布里塔妮自己挨爸爸打了,而且他现在撒酒疯已经撒到自己的小弟弟托德的头上了。布里塔妮想找一个人谈谈这件事,看这个人能不能采取些措施。但是,考利要她发誓不能告诉任何人。布里塔妮在想自己该怎么办。她其实可以将这件事记录下来,具体如下:

- 问题是什么?

  到底应不应该找个成年人谈谈考利的爸爸。

- 我都有哪些选择?

  (1)保持沉默。

  (2)报警。

  (3)告诉老师。

  (4)告诉自己的父母。

- 将每个选项的优点罗列出来。

  (1)保持沉默:考利不会生我的气。

  (2)报警:考利不会再受到伤害。

  (3)告诉老师:同上。

  (4)告诉自己的父母:找人帮忙做决定。

  考利能得到帮助。

第十一章 不去做决定,这本身就是一种决定(选择和做决定)

- 将每个选项的缺点罗列出来。

    (1)保持沉默:考利会受到严重的伤害。

    (2)报警:考利的爸爸会遭到拘捕。

    　　　　考利会恨我。

    (3)告诉老师:同上(法律要求老师去报警)。

    (4)告诉自己的父母:他们可能会报警。

你要试图做出最合适的选择,它的优点要多于缺点。以布里塔妮面临的选择为例,这个选择就是告诉她的父母。

> 你需要记住一点:"告发"某人,和告诉一个能帮助你解决问题的人,这两者之间是有差别的。如果你就是想"告发"别人,让他陷入麻烦,那你并不是在帮忙解决问题。如果你觉得自己要是不做些什么的话,有人就会受到伤害,那么最好的选择就是寻求帮助。

下面咱们来讨论一个容易做的决定:你的父母总是在你听音乐的时候,跑过来把声音关小——他们讨厌流行乐。你已经厌倦了为此事跟他们争吵了。

- 问题:我是不是要放弃听我爱听的音乐,以求跟爸爸妈妈和平相处?
- **可选的解决办法:**

    (1)忍受争吵。

（2）把我的激光唱片（CD）都换成莫扎特的。

（3）把音乐的声音关小再听。

（4）买一副耳机或者耳塞。

- **每个选项的优点：**

    （1）能听我自己喜欢的音乐（就听一会儿）。

    （2）爸爸妈妈会很高兴。

    （3）爸爸妈妈不会再烦我。

    （4）可以大声地听音乐了，并放弃与父母的争吵。

- **每个选项的缺点：**

    （1）他们曾威胁我，要没收我的扬声器。

    （2）我讨厌古典音乐。

    （3）音乐听起来效果不好。

    （4）我得先攒点儿钱。

有时候，把问题和可选的解决方案记下来，可以帮助你清楚地做出决定。在其他时候，你可能需要找辅导员、朋友或者父母来帮助你，给你提供好的建议。你只需记住一点：最终选择权在你手里。

更多关于如何做决定的小贴士

- **在做决定之前，你掌握的信息够不够？** 比如说，你想去法国学习艺术。有哪些地方可以为你提供相关信息

第十一章 不去做决定，这本身就是一种决定（选择和做决定）

呢？你需要学习法语吗？你可以查阅一下百科全书，问问旅行社，或者咨询一下法国领事馆，找到你要的答案。很多人都会给你一些意见，或者介绍一些人来帮助你了解一些相关信息，比如如何去法国，去哪里学习以及你需要做哪些准备工作。

在需要的时候获得帮助

我们都有需要别人帮助的时候。知道什么时候找人帮助你做一个艰难的决定，同你在其他时候为自己做决定一样重要。考虑一下你的求助对象：你觉得和他们谈话很容易，或者你觉得他们会给你一些好意见。你可以将他们的名字记下来。这样，当你需要找人谈心或者找人帮忙的时候，你就可以考虑他们了。

下面是一些具体的人选：

学校辅导员

朋友

老师

邻居

哥哥、姐姐、表兄表姐等

当地的家庭服务或者咨询中心

热线电话（危机电话服务）

爸爸／妈妈、姥姥／姥爷、爷爷／奶奶

牧师、教练、青年组织的负责人

- **给自己留出时间，做出明智的决定。**着急起不了多大作用。问问大家的看法。考虑一晚上。如果这是择业问题，那你要再研究一下。多问问从事不同职业的人。保持灵活，思想开明。这样，你可以在暑假的时候，在你感兴趣的领域里找份工作。如果你在这个领域里能获得一些实际经验的话，这将帮助你决定自己适合不适合在这个领域发展。

- **如果你不确定究竟怎么做对你来说才是正确的，那你就在考虑清楚以后再做决定。**你需要调动身体各个部位来做决定：你的头脑、心、精神和情感。不要否认那些凭直觉做出的决定。不要让你的头脑战胜你的直觉，错过了正确的决定（只要你的选择能让你保持安全、健康）。靠直觉做出的决定往往是"正确"的。你需要记住一点：你随时可以改变想法。

- **将各种选择都考虑一下。**不要让自己陷入一个非此即彼的境地（比如，我得去上大学，要不就该当门卫了）。如果你能放轻松，做做白日梦，你可能会突然想出很多不同的办法来解决问题或者帮自己做决定。你只需要发挥出自己无尽的想象力就可以了。一旦你知道自己有很多选择，你会顿时觉得自己很强大，自己能掌握好自己的人生了。你给自己的选择越多，你就越自由。

第十一章　不去做决定，这本身就是一种决定（选择和做决定）

记住，你在为自己人生的方方面面做选择（教育机会、职业选择、价值观、婚恋、个人"风格"……）。你随时可以改变任何你不喜欢的地方。

当然，什么样的选择就会带来什么样的结果。比如，你本打算熬夜看晚上两点的"超级恐怖秀"——一个讲闹鬼的节目（*Super Horror Show*）。你第二天肯定会很困乏，但是节目很好看！再比如，你想攒够钱以后去看你最喜欢的那个乐队开的演唱会。你也可以选择不去看演唱会，而是拿那些钱买零食、看电影或者买电子游戏——怎么选择，由你决定！

如果你不开心，你会选择不开心。请不要将自己的不开心怪罪到别人的头上。亚伯拉罕·林肯（Abraham Lincoln）曾经说过："我们开心与否，都是自己选的。"如果你不喜欢自己的工作，你需要意识到是你自己选择来这里工作的。不要抱怨别人。你大可换个工作，或者自己去创业。你要对自己的现状负责，做好你眼前正在做的工作。如果你不喜欢这份工作，那你大可在自己能力范围内去换一个新工作。就算你不开心的原因很重要（健康原因、生理需求得不到满足、遭受家庭虐待等），你还是可以得到别人帮助的。你可以根据自身情况向学校辅导员、牧师、顾问或者你信得过的人寻求帮助。改变是可能发生的。

解决问题

大部分人都害怕问题和麻烦。如果事情没有按照他们的预期发展的话,他们会非常心烦意乱。当事情让他们感到沮丧的时候,他们会很生气。生气是完全可以的。当你生气的时候,你体内就会产生额外的能量,这股能量有助于你改变眼前不好的状况。很多人在遇到生活中起的变化、人的变化以及令人失望的事情时,都会变得很情绪化。有一点很必要,那就是你尽量不要被自己的情绪所惊吓,以免自己做出错误的决定。如果你感到自己有些失控了,那你就要后退一步,暂时不要做决定,除非你觉得自己已经冷静下来了。(关于如何处理愤怒之情的办法,请参见第七章。)

什么样的事情会让你心烦意乱?你能改变它们吗?

塞翁失马,焉知非福

我们在看待问题的时候,还可以将它看作是一个机会。你可以观察一下小婴儿。婴儿们通过考验、品尝、感觉以及犯错误——比如,撞到物体上——来学习。通常来说,最好的学习途径就是犯错误。

比如在小时候,如果你把自行车停在外面,有人偷走或者

第十一章　不去做决定，这本身就是一种决定（选择和做决定）

弄坏了自行车，你就知道自己之前应该把自行车锁好。也许这个教训在当时看来有些残忍，但是你通过这个教训知道了当你把自己的私人物品留在外面的时候，它们会不翼而飞、被偷走或者被弄坏。当你长大后回想的时候，你会庆幸自己小时候接受了那个教训。

你要到哪里去？

当然，随着你慢慢长大，你在生活中所做的决定会变得越来越复杂。你会不会努力学习，然后考上大学？你将来打算从事什么职业？你会把家安置在哪里？

假如你遇到了问题

如果你遇到了问题，你就去找一间空屋子或者一个安静的地方。在这样的地方，你不会被打扰。你关上门，听听轻音乐，让自己舒缓下来。现在，放松你的身体，让紧张的情绪慢慢离开你的身体。你感到它从你身体的各个关节流走，然后从你的手指和脚趾尖流出去。这样反复几次，直到你觉得自己像一只周身柔软、昏昏欲睡的小狗狗一样。

现在，你已经放松下来了。你便可以假设自己遇到的问题已经有解决方案了。这时，你觉得一股暖流涌上心头，你无须再心烦意乱了。现在，你便可以思索一下能够解决这个问题的各种方法了。

> 你可以想出尽可能多的办法,不要轻易判断它们的对错。你大可想出类似开着慢船去澳大利亚这样的荒谬想法来。(我总是把跳上一艘去澳大利亚的慢船当作解决问题的首要方法,这想法让我大笑不止,帮我调整了情绪。于是,我便能很有创意地解决问题了。)
>
> 保持彻底放松的状态。思索各种想法。你很有可能会想出很多途径来解决你的问题。
>
> 你可以试图找到不同寻常的办法。你可以想象一下,如果你找到造成问题的那个人,然后跟他/她谈一谈,会有什么结果发生。假设你的声音很冷静,语调很合理。你看到自己在向对方阐述强有力的观点。你看到自己是善意而且有同情心的。你看到了正面的结果。假设一下对方对你做出的反应。将你们的对话记录下来。与好友或者家庭成员练习一下。

有些人似乎总是知道他们该向哪个方向前进。清晰的目标能帮助你更轻松地做出决定。

如果你十岁的时候就决定了自己要当一名律师,你的人生是比较简单的。你学习政治、语言、写作、历史和辩论术(如果你们学校有这种社团或者开这种课程,你可以考虑参加)。如果你对上法庭感兴趣或者你想当一名立法者,你还要学习演讲术、戏剧和语音训练。你要决定自己想去哪所大学念书,并选择努力学习以取得好成绩甚至是奖学金。你可以在放假的时

第十一章　不去做决定，这本身就是一种决定（选择和做决定）

候，去律师事务所从事一些辅助性的工作，然后在大四的时候参加法学院的入学考试。你取得的每一次进步都是简单而且清晰的。

但是，如果你不知道自己这一生将准备做什么，怎么办？这就让你很难做决定了。逃避这个问题可不会帮助你解决问题。你不去做决定，这本身就是一种决定了——你是在让别人替你做决定，或者你就这么眼睁睁地看着你的人生从你手里溜走了。

如果你还不太确定的话，最好的方法就是冒一些小风险。你可以做出一些细小的决定——当然，这要建立在你能获取有用信息的基础上——然后大胆地尝试一把（你对各种选择掌握的信息越多，你就越能随意地做出决定了）。如果事情不奏效，你大可做出各种改变，及时调整你的前进方向。

"答案就是……"

你需要花精力去研究明白你想成为什么样的人，并找到你认为是真理的事物。当你愿意搞清楚你是谁以及你支持什么时，问题就变得好解决了，做决定也变成一件轻松的事情了。如果你知道自己有很多选择，你会发现自己的人生多了很多可能性。

你需要利用机遇为自己做决定。尽量不要对此满不在乎。

你要表达出你的喜好！你会反复练习做决定，而且你很有可能会从生活中得到更多的收获！

> **做决定的步骤：**
>
> - 识别**问题**、**各种选择**以及**每个选择**的**优劣势**。找到一个利大于弊的选项。
> - 获取你所需的信息。给自己留出足够的时间。运用你的**头脑**、**心**、**精神**和**情绪**。多看看别的**选择**。
> - 将遇到的问题或者犯的错误看作是**机会**。你能**从经验中吸取教训**。这么做很有可能还会帮助你在将来更加轻松地做出决定。
> - **设定清晰的目标**，可以帮助你更加轻松地做出决定。这么做可以让你一小步、一小步地前进，或者冒一些小风险以实现你的目标。它也可以帮助你获得更多关于备选项的信息。

第十二章　负责

（自由和责任）

现在,你终于自由了!

比如,你现在18岁,已经高中毕业了。你现在可以想做什么,就做什么了,不是吗?爸爸妈妈再也不会唠叨你干这干那了。他们现在也不会再告诉你应该去哪里,应该和什么样的人玩儿了。

但是,等一下。成年也意味着爸爸妈妈再也没有义务给你买吃的和穿的了。他们也没有义务再替你接电话,替你挡住那个你刚甩掉的"恶心的笨蛋"了。你也吃不到妈妈做的好吃的千层面了。免费住在家里的待遇,也没有了。

救命!

好吧。你可能暑假过后就去上大学了。你会住在学校的宿舍里,吃学校食堂,爸爸妈妈会替你付去学校的路费。或者,你现在离高中毕业还有两年。不管你的情况如何,重点是你总有一天要对自己的人生负责！你将来不得不做出各种决定——这些决定有的容易，有的难。但是，你现在已经在读这本书了，已经知道了该如何：

- 做出明智的决定
- 坚定自信地将其付诸行动
- 尽量避免受到别人的操控
- 向别人索取你想要的东西
- 控制住自己的怒火
- 说"不"
- 决定什么事情对你来说是重要的

……而且，你甚至开始喜欢自己了！还会有什么问题吗？你现在已经做好准备迎接一切了，不是吗？

不过，大概也不是任何事都是如此。因为生活总是在我们最不经意的时候，给我们制造一些惊喜。但是，你现在已经学会了一些非常有用的小窍门。你感到自己完全有能力应对这些出其不意的事情了。

这很棒！这就是自尊的意义所在。

自此，你再也不会介意那些出现在你前进道路上的各种新的责任和义务了。我是说，你已经肩负起很多责任了。你能处理好自己会遇到的各种问题了，不是吗？

好的。比如，你有一次忘了给狗狗喂食了，但是你基本上会去喂……嗯，你有时候会在睡梦中按下闹钟上的"贪睡"键，

第十二章 负责(自由和责任)

然后睡个懒觉。你上学要迟到了,于是爸爸会开车送你去学校,他也会因此而上班迟到……后来,你还忘了告诉爸爸妈妈,他们要跟那个"万事通"老师(Ms.Knowitall)开家长会(她是真的非常生气)……还有……

也许我们应该好好研究一下这个问题……

在别人眼里,你应该如何生活

你的生活重心是你自己,而不是别人的需求或者心愿。这可能听起来很自私。但是,如果你这一辈子都在做别人让你做的事情,你就永远没有机会做自己想做的事,也就没机会让自己变得有创意或者独立起来。

随着你慢慢地长大,爸爸妈妈对你的看法开始变得很重要了。你怎么看待自己,取决于他们对你的看法。你在靠取悦他们来"谋生"。因为,你需要他们养活你,给你买衣服,给你提供一个温暖的家和保护。你的父母很可能是按照他们的父母养大他们的方法来养育你——他们也会从自己的父母那里吸取一些经验教训,然后把这些新东西添加到养育你的方法中去。他们很可能会按照他们觉得正确的价值观念来行事。你的妈妈会在你还是小婴儿的时候,给你穿上很干净的衣服。这样,邻居们会觉得她是一个称职的母亲。以此下去。

不要觉得你就"应该"怎样

很多人都很在乎别人的看法。你很可能是依照别人的眼光穿衣、说话、行事和工作的。当你听到自己说"我应该（或者'不得不'、'必须'、'最好'、'得'）如何如何"的时候，你就应该小心了。你要问问自己想要的是什么。很多时候，当你觉得"我应该"如何如何时，这意味着你在按照别人（父母、朋友、老师、邻居等）的意愿做事。

如果你想掌握自己的人生，你需要将你"应该做"和"不得不做"的事情，与你"想要做"的事情区分开来。

"我不用**必须**复习准备这次的考试，但是我要这么做，因为我**想**取得一个好成绩。"

你不能总是按照别人希望你的样子过日子，因为每个人都希望你按照*他们*的方式去生活。如果你试图取悦每一个人，你会觉得自己像一个椒盐脆饼一样，到最后就搞不清楚自己是谁以及自己想要什么了。

> 有时候，质疑权威是很明智的做法。面对人群，声音响亮的人听起来更权威，这种人能制造恐慌。如果你能听从辅导员和父母的建议来选择职业方向的话，这是很好的。然而，最终做决定的是你自己。权威，甚至是你的父母，都不会知道让你快乐的事情是什么。你需要为自己找到最终答案。

第十二章 负责(自由和责任)

负责

取悦自己是很有必要的。你不仅可以通过买一些小物件来犒劳自己(比如,买一双100美元的跑鞋),还可以为你的人生选择一个自己满意的方向。你的父母很可能常把一个词挂在嘴边:责任。他们可能会在跟你发火的时候用到这个词:"你怎么连倒垃圾这种事都记不住!你觉得自己担当得起开车(骑马、开摩托)这个责任吗?"

"责任"有时候是一个非常迷惑人的概念。它可以有四个层次上的意思:

- **造成某一个行为**,意思就是你使之发生。("谁把这儿弄得乱糟糟的?")
- **对某一个行为有责任**,意思就是有义务做这件事。("米格尔,你负责本周内每天晚上倒垃圾。")
- **对某一个行为负责**,意思就是你同意做某一件事,而且你为由此产生的后果,接受别人的赞扬或者批评。("我来负责为这次派对准备薯片和酱。")
- **做一个有责任心的人**,意思就是你说话做事要像一个成年人一样。你要有目标和积极性,要看得到什么事情需要做,然后去做。("杰斯,多亏了你在我们不在的时候,能把修理工找来,把漏水的地方修好。你真是一个有责任心的人。")

爸爸妈妈下班回来后,发现厨房里到处是做巧克力曲奇剩下的面团还有脏盘子。"谁把这里弄得乱糟糟的?"他们冲你和弟弟大声吼叫。这事是你做的,但是你却说:"妈,这是乔伊干的。"这事是你造成的?是的。你应该对此负责?你没有。你是一个有责任心的人吗?不是。

对所做的事情负责,可以帮助你学着成为一个更有责任心的人。

如果你本来想去看电影,可是却留在家里修草坪,就因为你不得不做这件事。在这种情况下,你有义务这么做。

如果你能在没人要求的情况下就主动留下来修理草坪,因为你发现院子里的草坪需要修理了,那你就是一个有责任心的人。

看到差别了吧?

很多人讨厌为他们的生活负责任,因为他们早就习惯了"装可怜"这个把戏:

"爸爸在我两岁的时候就离开了我,我好可怜。"

"我的父母离婚了。噢,我真不幸!我就是命运的受害者。"

"我爸爸嗜酒。我的人生毫无希望。"

当然,这些都是实实在在的问题,可是它们不至于会毁了你的人生。每个人都会遇到挫折。如果我们能够克服困难,并从中吸取经验教训,那我们就能够成长并有所改变。有些人不

第十二章 负责(自由和责任)

愿意对自己的人生负责任,因为他们非常喜欢遇到事情就责怪他人。"如果我在学习的时候,我弟弟没有烦我,我这次就能考好了。""如果我生下来的时候,腿更长一些,我就能跑得更快了。"责怪别人总是比自己勇于承担责任来得容易,但是你却在向自己和别人撒谎。

没有停车标志……限速标志

除了你,没有人有本事让你的人生很悲惨,也只有你一个人能让它变得很精彩。我们每个人都有自己的底线。

如果你**觉得**自己得不到那份工作,修不好那辆车,做不完那份报告……你很有可能就真的办不到。

但是,相反的情况也是有可能发生的。你可以告诉自己:你能行。你真有可能做好那件事。1954年,罗杰·班尼斯特(Roger Bannister)成为世界上第一个花不到4分钟就跑完1英里的人。在他之前,所有人都觉得无人能打破以前的世界纪录——人类还没有进化到能跑那么快的程度。但是,班尼斯特并没有给自己设限制——他只是尽自己最大的努力。他为此付出的努力,帮助他打破了之前"无人能超越"的世界纪录。当别人发现这记录是可以打破时,他们也试着去做了——*因为他们现在觉得这是有可能的。*

> **形象化**
>
> - 放松
> - 闭眼
> - 想象自己非常擅长……考试……约会自己喜欢的人……完美地演奏出协奏曲……开手动挡的车……

当你为自己的人生承担起责任的时候,你就得承认自己会遇到各种可能,还会有各种机会。如果你不这么做,那么你一开始就得给自己设定一个底线。

掌握自己的人生

负责任并不是说你就得当一个无聊的人。它的意思是,你可以更好地控制自己的人生。你可以决定自己的态度、目标和底线。如果你为自己选择了一个方向并为此制订了计划,那么除了你自己以外,没有人能够阻挡你前进。你有能力实现目标。

当你掌握并为自己的人生负责任的时候,你就变得强大起来。这意味着,当你犯错误的时候,你不会去责怪别人。你从错误中吸取经验教训。你由此变得更加睿智、更有经验,做事更有效率了。你允许自己有个人看法,有权利,并且在必要的时候会大声说出自己的看法。每次你冒险运用自己的力量时,你发现这么做很奏效。你发现自己**能够**起到一定作用!

第十二章 负责(自由和责任)

你的能力使你按照自己设想的蓝图去生活。你了解自己的喜好,并在有必要的时候将其表示出来。这么做可以帮助你过上自己想要的生活。你无须等别人给你自己想要的东西。你可以自由地索取你想要的东西。或者简单点说就是,你自己帮自己得到那个东西。你的人生掌握在你的手里。你有多大的梦想,你的人生就有多精彩。当你认识到自己的能力的时候,你的梦想才能变成现实。

当你愿意运用个人力量的时候,它会变得非常有效。给有关部门的一封信往往能够深深地改变社会、政治和经济制度。一个电话都能带来变化。你有能力纠正错误,影响别人的想法,并为产生的问题提供一个解决方案。

你有能力

你身体里蕴含着力量和自尊。你可以运用它们来掌握自己的人生,或者干脆就放弃。很多人更喜欢把你当成平辈来对待。他们**不用**你将自己的力量交给他们,更不希望你把他们的力量拿走。

你可以运用自己的力量,改变你的人生或这个世界,如果你选择这么去做的话。你可以从积极的方面进行改变、做出改善。你可以朝着平等的方向努力前进,并努力纠正有错误的地方。

在自尊的帮助下,你可以大有作为。

> **万事皆有可能**
>
> - 你活着不是为了取悦他人。这么做是不可能的。如果你能为自己的人生和幸福负责任的话,你会活得更开心,取得更多的成绩。
> - 我们都会对自己的人生设立各种限制。如果你相信万事皆有可能,你也许会实现自己的目标。但是,如果你觉得自己办不到,那你就是做不到。**你要相信自己能行!**